0~6岁女孩养育法

辛芝荣 著

天津出版传媒集团

天津人民出版社

图书在版编目（CIP）数据

0～6岁女孩养育法 / 辛芝荣著 . -- 天津：天津人民出版社，2018.12
　ISBN 978-7-201-14099-5

Ⅰ . ①0⋯ Ⅱ . ①辛⋯ Ⅲ . ①女性－家庭教育－儿童教育 Ⅳ . ① G781

中国版本图书馆 CIP 数据核字（2018）第 210858 号

0～6岁女孩养育法
0～6 SUI NUHAI YANGYUFA

辛芝荣 著

出　　版	天津人民出版社	
出 版 人	黄　沛	
地　　址	天津市和平区西康路 35 号康岳大厦	
邮政编码	300051	
邮购电话	（022）23332469	
网　　址	http://www.tjrmcbs.com	
电子邮箱	tjrmcbs@126.com	

责任编辑	王昊静
策划编辑	马剑涛
特约编辑	吴海燕
装帧设计	润和佳艺

印　　刷	大厂回族自治县彩虹印刷有限公司
经　　销	新华书店
开　　本	880×1230 毫米　　1/32
印　　张	7
字　　数	210 千字
版次印次	2018 年 12 月第 1 版　　2018 年 12 月第 1 次印刷
定　　价	39.80 元

0～6岁是一个人基本品质形成的关键时期，父母的养育方式会影响到孩子今后的发展。

女孩和男孩不同，她们大多敏感、胆小，爱耍小脾气，喜欢关心别人……她们没有男孩子皮实，她们更需要父母的关爱和正确的引导。女孩的成长是有规律的，她们在成长过程中面临的问题和男孩是不一样的，因此，父母要根据女孩的特点，采用女孩乐于接受的方式来养育女孩。

根据一项对全球300多名成功女性的调查发现，这些成功女性大多镇定自若、坚强自主、勇往直前、乐观向上。这些品质的形成，与幼年时期父母对她们的教育和培养息息相关。

有的女孩虽然看起来身上有不少缺点，但这并不代表她们不能经受挫折，也不代表她们不能变得坚强、独立。只要父母掌握了科学的教育方法，即使娇弱如花朵一样的女孩，也可以成长为内心强大的参天大树，拥有足够的勇气和智慧去面对自己的人生，将来成为社会上的佼佼者。

为了帮助更多父母将自己的女儿培养成有内涵、有修养、有道德、有学识、性格开朗、头脑聪慧的女孩，本书从9个方面入手，详细介绍了女孩的内心世界，并告诉父母如何用"爱"来培养女孩乐观、独立、合作与抗挫折等能力，以及如何培养女孩优秀的品格和良好的习惯等，从而使她变成一个人见人爱的女孩。相信父母们在阅读完本书后，能更多地了解女孩的特点，并找到适合自己的养育方法。

目录

第九章　培养孩子高贵的品质

附录

第一章
养育女孩不可忽视性别教育

"女性柔美，男性阳刚"是传统的性别标准，但近年来女孩中流行起了"中性风"。男孩越来越女性化，女孩越来越中性化，这使得性别教育更紧迫、更重要。

3 岁前要让孩子知道她是女孩

有些父母认为，女孩就是女孩，这是很自然的事，女孩的性别教育是件很简单的事，没有特意教育的必要，其实不然。父母对女儿进行性别教育不仅仅是为了让她知道她是女孩，更要让她知道什么才叫作女孩。曾有专家特别强调，父母对女孩的性别教育是非常有必要的，而且是越早培养越好。性别教育是性教育的基础，良好的性别教育有助于女孩形成健全的人格。

女孩在3岁左右，就开始意识到了性别角色，但她们只能理解"男女有别"，却不知其中的道理。到了6岁左右，女孩就会逐渐形成性别观念，可以通过观察周围人群形成全面的认识与了解，渐渐明确男女有不同的着装、性格、举止等，心理性别也逐渐成长。如果父母此时不正确地引导女孩的性别意识，女孩的性别发展可能就会出现偏差。

6岁的小婵除了名字像一个女孩，其他没有一点女孩样：寸头、运动服、运动鞋，俨然就是一个男孩子的装扮。小婵就是别人口中的"疯丫头"，像男孩一样调皮得不行，还喜欢和男孩一起玩耍。而这一切无不与小婵的家庭教育有关。小婵生在一个大家庭里，有两个堂哥，一个表哥，从小父母便把她放在男孩堆里养着。为了方便照顾，他们还给小婵穿男孩的衣服，剪男孩的发型，玩具也都是表哥、堂哥的各种汽车、枪等男孩子喜欢的东西……小婵越大就越像个男孩子调皮捣蛋，行为也越来越像男孩子，父母这才意识到自己养的是一个女孩，心里非常着急，也非常后悔没有把小婵当女孩养。

在孩子还小的时候，很多家长认为孩子长得快，衣服买了穿不到两个月就要换了，因此都是从大一点的孩子那里拿过来的。有些父母为了方便，就拿了男孩的衣服给女孩穿，还把男孩的玩具给女孩玩，以为女孩还小，不会有影响，其实这并不可取。虽然一时之间能够节省一定的开支，但是从长远来看，这种方式并不利于女孩性别意识的养成。

女孩的性别意识越早培养越好，性别教育更要从娃娃抓起。那么，父母该如何着手对女孩进行性别教育呢？

❶ 对女孩进行正确的性别教育

受传统文化的影响，中国的父母都倾向于保守、含蓄、传统，对性别教育的认识不到位，认为性别教育可有可无，最主要的是羞于启口对女孩进行性别教育。其实，这样的想法和做法都是不可取的，父母必须明白，性别教育对女孩的健康成长具有深远的影响。在当今错综复杂的社会环境中，如果父母不及时地对女孩进行性别教育，那么女孩就会受到社会上不良信息的影响，导致无法正确地对待两性差异。

然而，有些家长谈"性"色变，自己都无法端正对性别的认识，更别说对孩子的性别教育了。可是小时候性别教育的缺失，对女孩的健康成长是非常不利的。

因此，家长要提升自己对性别教育的认识，以身作则，补充这么多年以来对性别认识缺失的知识，为孩子提供一个良好的成长环境。与此同时，还要积极采取有效的性别教育方式，对女孩的性别认识进行正确的引导，让她从小就认识到自己是一个女孩。

❷ 树立良好的性别角色榜样

父母是孩子最好的老师，也是孩子最好的性别角色榜样。在日常生活中，父母要善于引导，注意自己身上的性别特征，让女孩从妈妈的身上认识女性的角色，从爸爸的身上认识男性的角色。

6岁的晓晓是个人见人爱的小女孩，说话细声细语，是一个典型的小淑女。从晓晓一出生，父母就非常重视对晓晓进行性别教育，并且在现实生活中，用自然情景和生活习惯来加强晓晓对性别角色的认识。例如，妈妈只要一出了卧室门，穿着就非常优雅；虽然晓晓长得很快，很多衣服都没穿几次就要重新买，但妈妈还是很用心地给晓晓买一些花裙子、蝴蝶结、小鞋子等，把她打扮得漂漂亮亮的，并告诉她："你是一个女孩子，就应该穿裙子，打扮得漂漂亮亮的。"有时爸爸加班回来，情绪有点低落，妈妈对晓晓说："宝贝，我们一起去安慰安慰爸爸吧，女孩子要细心、温柔。"

一次，晓晓和大她三岁的表哥在门前玩耍，奶奶需要爸爸帮忙把一块石头挪开，爸爸喊表哥过去帮忙。晓晓也想过去帮忙，但爸爸对她说："这是男孩子应该做的，男孩子比较有力量，你还是去帮妈妈收拾玩具吧。"

在爸爸妈妈一次次的教育之下，晓晓在潜意识中形成这样的观念：女孩子就应该善解人意、温柔、体贴，像妈妈一样优雅漂亮；而表哥是男孩子，就应该有力量、坚强，像爸爸一样坚强、稳健。

晓晓的爸爸妈妈给她树立了良好的性别角色榜样，让晓晓在生活中领悟到男女有别。妈妈的温柔体贴和善解人意，是女性的一种美德。而爸爸身上的男性特征，让晓晓看到了男性身上的力量和坚强。显而易见，这样的家庭教育对晓晓的性别意识教育非常有帮助。

❸ 明确地告诉她"男女有别"

研究表明，父母是女孩性别教育的启蒙老师。女孩6岁之前，主要接触的对象是父母，所以父母的性别教育对女孩非常重要。因此，在孩子小的时候，父母应该告诉她"男女有别"的道理，给女孩上好性别教育的第一课。

3岁的小玉是一个模仿能力很强的女孩，看到别人做什么，她便开始模仿。一个阳光明媚的早上，妈妈带着小玉出去踏青，同行的还有妈妈的朋友及其4岁的儿子小强。走了一会儿，小强要尿尿，他的妈妈便带着他跑到路边的大树旁边小便。看到这样的场景，小玉好奇地跟妈妈说："妈妈，为什么他站着小便，而我要蹲着小便呢？我也要站着小便。"说完，小玉也跑到大树下，模仿小强孩站着尿尿，结果裤子全被尿湿了。

妈妈很尴尬，但也被小玉的行为给逗笑了。妈妈并没有嘲笑小玉，而是温柔地对她说："小玉，你是女孩子，哥哥是男孩子，男孩和女孩是不一样的。男孩可以站着尿尿不会尿湿裤子，但女孩不一样，是因为……"妈妈循循善诱，让小玉明白了男女有别的道理。

看到女儿因为好奇而模仿的行为，明智的妈妈并没有盲目斥责，而是借此机会进行了性别教育，让孩子明白男女有别。这样的教育方式更能让女孩自然地明白性别不同，行为动作也不一样的道理，父母不妨借鉴参考。

4 岁让孩子接受性教育刚刚好

一项调查问卷显示，百分之九十的父母都曾被孩子问过"我是从哪里来的"这个问题，但真正认真去回答孩子这个问题的家长并不多。因此出现了"是充话费送的""垃圾桶里捡来的""从腋下生出来的"等等开玩笑的答案。随着社会的进步，很多父母也慢慢意识到了性教育对孩子的重要性，但真正能够对孩子进行性教育的父母并不多。

在现实生活中，很多父母性教育的概念太狭隘，其实性教育的范围很广，包括让孩子认识自己的身体，尊重自己、尊重他人，也包括让孩子明确地了解一些相关的性知识。研究表明，爸爸妈妈对孩子进行性教育，比让孩子自己通过其他渠道来了解这些知识更能让孩子受益。对有些家长来说，性教育是一件非常尴尬的事情，因此在家庭教育中，性教育往往是被排除在外的，这对孩子的成长特别不利。

待孩子慢慢长大，父母要忙于自己的事业，无法预知孩子将会遇到什么样的问题，尤其是现在"性侵幼童"事件频频发生，父母应该树立正确的性教育观念，根据女孩的年龄特点，采取不同的性教育方式，把性教育知识传授给孩子，从而让孩子健康地成长。

❶ 家长要及时对女孩进行性教育

教育专家指出，对女孩进行性教育的最佳年龄是4岁左右。

现在的社会越来越开放，女孩越小进行必要的性教育，进入青春期后，就越能自然大方地接受学校里面的性教育，而不是采取逃避的形式，这将对她的青春期成长非常有益。

有生物老师指出，初中二年级生物课程有一节说的是人体，在上这一节课程时，很多学生都感觉很尴尬，也对这一节课程很排斥，这是因为他们从小未接受性教育或者接受了被歪曲的性教育，当性第一次出现在课堂上时，他们也采取歪曲的态度去面对。因此，父母应该和孩子认认真真地谈性，让孩子在成长的过程中以积极的心态来对待性生理和性心理的种种变化，这会让孩子受益匪浅。

14岁的云云成长在一个开放的家庭，从她4岁开始，妈妈便自然地给她讲解性方面的知识，和她一起交流女孩之间的秘密。而14岁的雯雯成长在一个比较保守的家庭，她的父母从来都没和她说过有关性的问题，每次她问妈妈关于性的敏感词，妈妈都敷衍了事，因此，对于性，她只是通过道听途说了解的。

有一天，雯雯向云云哭诉说："我快要死了，我怀孕了。"

云云不明白地问她怎么回事。

雯雯脸憋得通红，半天才说："听说女孩子来月经时被男孩子碰到就会怀孕，刚才我不小心碰到了我们的数学老师。"

云云听了哭笑不得，向她解释："你傻啊，怎么可能呢……"

雯雯仍是不信，云云没办法，只得把雯雯带回家，让妈妈来开导好朋友。

雯雯从云云家里出来后，由衷地对云云说："你妈妈真好，要是我妈妈也这么开明，我也不会闹那么多笑话啦。"

不难看出，例子中父母不同的性教育态度对女孩的成长产生了全然不同的效果。良好的性教育，对女孩的性心理发展非常有利，更有利于女孩的身心健康。作为父母，如果实在难以开口向女孩进行性教育，可通过电视或书籍来引导。但不管怎样，请给女孩一个指引，不要让女孩自己去摸索。

❷ 请善待孩子小时候的"爱情"

你还记得你小时候玩过家家游戏时最好的那个搭档是谁吗？

过家家是每个人的记忆，女孩子特别热衷，对身边的人物和生活方式简单地进行模仿，让孩子们创意无穷，但过家家的意义远不止此。如果利用得好，这是一个很好的性教育契机，父母适时的引导，对女孩的成长具有深远的影响。

一天傍晚，兜兜和小伙伴在门口玩过家家，兜兜的角色是小公主，隔壁家的小男孩是小王子。正如童话里的故事，王子遇到了公主，就走到了一起，在游戏中也如此。

当兜兜和小男孩手拉着手幸福地游戏时，旁边的一个小朋友说："电视上面的王子遇到公主，要亲嘴，然后结婚的。"小男孩附和说："是啊，我看到的也是这样，我们也亲嘴、结婚，好吗？"正在厨房里做饭的妈妈听了，急忙走出去，温和地对这群可爱的小伙伴说："小朋友们，结婚、亲嘴是大人的事情，你们还小，公主和王子只要拉拉手就行啦。"

"对哦，公主和王子小时候就拉拉手，等我们长大了再结婚。"兜兜听了妈妈的话，和小男孩拉拉手。

在过家家游戏中，父母看到女孩和同龄人"谈情说爱"时，如果觉得很搞笑，并觉得无所谓，不加引导，那么孩子就不知道什么能模仿，什么不能模仿。面对这种情景，父母可以像兜兜的妈妈那样，合理地引导，善待孩子小时候的"爱情"，让孩子从小就树立正确的爱情观。

❸ 不要敷衍孩子的尴尬问题

四五岁的孩子就像"十万个为什么"，问题总是很多，且问的又是一些令家长感到头疼、尴尬的问题。例如：小孩子看到动物交配的画面时，就会问"它们在做什么呀？""为什么女孩子没有小鸡鸡？"……在所有让父母退避三舍的问题中，首先最想逃避的是有关"性"的，父母会无所适从，因为找不到合适的字眼去描述，因此会用无关紧要的回答来敷衍孩子，或者直接回避。

对于孩子的问题，父母最好立即回答，而不是拖延，如果实在是不知道如何回答孩子，就让孩子等一等，不要敷衍或逃避孩子的问题。孩子正是因为无知才会提出问题，父母的尴尬只会增加孩子的好奇心，导致孩子的性早熟。

总之，父母面对孩子提出的尴尬的性问题时，不必不好意思，更不要敷衍了事，应大方面对，坦诚回答，因势利导，教给孩子一些必要的生理卫生知识和自我保护的方法，让孩子接受性教育，这对孩子良好个性的发展很有好处。

女孩应该有一个公主世界

在童话故事的世界里，公主总是高贵的，是被众人宠爱的。

当女孩还只是婴儿的时候，她就开始渴望着像公主一样，渴望爸爸妈妈温暖的怀抱，用哭声唤起爸爸妈妈的关注，希望被无条件地接纳，被关注和被人爱。

当女孩长大一点，刚懂得什么叫作美，就开始偷偷地踩上妈妈的高跟鞋，挑选漂亮的衣服，渴望佩戴宝石一样亮闪闪的项链。此时，如果妈妈刚好给她买了一件公主裙，她便视若珍宝，心里乐开了花。

再大一点，听着童话故事长大的女孩，开始期盼着遇到自己的白马王子，就算自己不是公主，也总梦想着有穿上水晶鞋的那一天。

用整块水晶雕琢出来的鞋子，承载着女孩整个幼年期的梦想。

而在不同的成长阶段，公主梦对女孩的成长也会产生不同的影响。如果父母能够理解和接纳女孩的公主梦，并给予适时的引导，那么女孩的公主梦就会朝着健康的方向发展。

贞贞是一个懂事的女孩，但她整天待在家里，从来不运动，体育课也是糊弄过关。有一次她小姨看她待在家里，便带着她一起去公园运动、跑步、压腿、压胳膊。她看着小姨毫无压力地做着这一系列动作，心里无比地羡慕，便称赞说："优美的压腿姿态，真像一个公主的感觉。"从此之后，贞贞对运动产生了别样的兴趣。

所有美好的姿态都被女孩形容成了公主的模样。然而世上真正的公主屈指可数，但这并不妨碍每一个小女孩都有一个公主梦，寻找做公主的感觉。

这种感觉来源于很多方面，比如穿上飘飘欲仙的公主裙，在万众瞩目中表演，有着优美的姿态，等等。在一个小女孩的世界里，公主永远是最美丽的，受人宠爱和被人赞美的。

随着女孩的成长，健康的公主梦会内化为一种自我认同、自尊、自信，让她懂得爱自己，找到自身价值，它在一个女孩健全人格的塑造中起着不可或缺的作用。等女孩慢慢地长大了，形成了自己的人格魅力，到那时，是不是公主已经没有那么重要了。因为她已经能够爱自己，尊重自己，学会爱他人，尊重他人，并适应集体生活，扮演社会角色，有了责任感……

但若父母不懂得、不接纳，不能好好爱孩子，认为孩子的公主梦很荒谬，那么，在孩子的成长路上，她的性格塑成就有可能会受到阻碍。甚至有些女孩对追求公主梦比较执着，如若她的生活中缺了这一块，她就只能靠幻想，或者靠外界提供的一些假象来爱自己，比如醉心于物质生活，极度追求奢侈品等。在她们的内心世界里，自我价值感很低，她们要么靠各种幻想来麻醉自己，要么表面坚强而内心脆弱。

女孩要有一个公主世界，但父母也要明白公主梦的界限是什么。倘若女孩从小被过度照顾和溺爱，那么她就可能不愿长大，希望永远做父母身边的公主。等她们长大以后，她们给人的感觉会是弱不禁风、乖巧、自恋，个性风格与生理年龄不符合。而且，她们很有可能选择"卖萌""啃老""不肯结婚生子"的生活。

因此，正确地引导孩子的公主梦，充分地认识宠爱和溺爱的区别，将一个天使一样纯洁可爱的小姑娘塑造成一位拥有人格魅力的女性，是每一个父母都需要面对的课题。

首先，3岁之前，一定要给女孩公主般的关注和爱。这种爱，不是物质上的无条件满足，而是情感上的无条件接纳。如果父母只注重在物质上给孩子无条件的满足，就容易养出自我价值感低的物质女孩，不利于女孩健全人格的形成。只有在情感上无条件地接纳孩子，才能让孩子真正地感受到自己是被爱的，也是值得被爱的，从小建立起自信、自尊。

其次，3~6岁是女孩爱美启蒙的敏感期，爸爸妈妈要适时地给孩子准备一些漂亮的公主裙、头饰和鞋子，满足女孩最初的对美的感受和体验，她可以从中获得一份自信和自尊。与此同时，爸爸妈妈要多给孩子讲讲故事，让她明白真正的公主除了漂亮之外，更重要的是有一颗美丽的心灵。她富有同情心，乐于帮助需要帮助的人，她坚强、勇敢、智慧、有责任心……让孩子在这样的榜样的熏陶下，逐渐成为一个个性丰满、人格健全的人。

最后，请不要用"孩子还小"的借口来过度地照顾和溺爱女孩。有些父母把孩子当成"衣来伸手，饭来张口"的公主养育，只是为了向别人展示自己有多伟大，并以此实现自己的价值感和存在感。然而，女孩和男孩一样，也需要自立，切忌用你的溺爱去阻碍孩子的健康成长。

告诉孩子隐私部位别人碰不得

家有女儿，在教育上还真的不是一件省心的事。

近来，关于女孩子在幼年或者童年时期被性侵的报道呈上升趋势，幼女的安全问题引起了家长的注意，如何教育孩子保护好自己成了让父母很担心的问题。孩子的安全教育非常重要，家长不要认为孩子每天接触的范围小，就不加以重视，其实很多危险都是在不经意间发生的。因此，在孩子稍微懂事的时候，父母就要开始教育她成为一个开朗、敢表达、胆大心细、聪明勇敢又具有危机意识的人，在日常生活中潜移默化，让孩子学会保护自己。

小月三岁多，刚上幼儿园小班。从她两岁多开始，每次洗澡的时候，妈妈都会告诉她："屁屁是羞羞的地方，别人不可以看也不可以摸。"每次洗澡，妈妈都引导她自己洗屁股。可是最近她跟比她大三岁的堂哥一起玩，有一次堂哥在她屁股上画画，而且是她撅着屁股配合画的。妈妈知道后很生气，打了她一顿，并再三告诉她不能让别人碰屁屁的。

可是没过两天，他俩又在一起玩的时候，堂哥把门反锁，把她屁股上和身上都抹了润肤露。因为她很希望跟堂哥一起玩，所以堂哥让做的事情她都不会拒绝，而且还特别听话地保密，直至妈妈再三询问，她才开口告诉妈妈。妈妈很苦恼，不知该如何教导小月才能让她明白自己身体私密的地方别人是不能碰的。

后来，妈妈才明白自己对小月的教育方式有问题。虽然已经对小月进行了初步的性教育，但对于如何保护自己的身体器官，妈妈却有所疏忽。而对小月犯的错，妈妈采取又打又骂的形式，不仅不能让小月学会如何保护自己，反而让小月反感自己。妈妈决定静下心来和小月聊聊："小月，我们不能让别人看自己的身体，尤其是爸爸妈妈之外的人，堂哥也不可以。爸爸妈妈看你的身体，是因为你是我们的孩子，我们要照顾你，并教你认识关于身体的科学道理。但是等宝宝六岁之后，也不能再让爸爸看自己的身体了，因为爸爸是男人，而你是女孩。那时候要是有身体上的疑问，你可以问问妈妈，或者我们一起查资料，解决问题。"

接着，妈妈又进一步教导小月："每个人的身上都有不能让别人看、不能让别人摸的地方，在女孩的身上，乳房、屁股和生殖器这三个部位是别人绝对不能碰的地方，要是有人碰了宝贝的这三个部位，宝贝一定要拒绝，并且要告诉妈妈或者老师。而且，在公共场合暴露自己这三个部位，是很不礼貌的行为，别人看了会嘲笑你和不尊重你。所以，我们要保护好自己，也尊重别人，不能让别人看，也不看别人的这三个地方。否则，他就会伤害你，记住了吗？"

很多父母可能会遇到以上问题，明明已经多次教育孩子要保护自己，但是到了实际生活中，孩子还是会忘了父母的教导，给犯罪分子留下可乘之机。父母要像上面案例中的妈妈一样，心平气和地教育孩子，让孩子彻底明白为什么不能让别人摸自己的身体，而不是以粗暴的方式来解决问题。那么，怎么做才能避免孩子受到伤害，让孩子学会保护自己的身体呢？

❶ 送给女孩防身锦囊

有调查显示，对孩子实施性侵害的加害人，六成以上是孩子熟悉的亲属、邻居、老乡等，他们利用熟人的友善和信任，接近并伤害受害人，且不少人多是利用受害人的好奇心或给予小恩惠进行引诱。很多父母都疏忽和放松了这方面的防范，加上女孩不懂得自我保护，性教育的缺失，使得女孩更容易被侵犯。因此，父母必须加强对孩子的安全教育，不能因难以启齿而让孩子受伤害。

具体而言，爸爸妈妈要给孩子以下几个防身锦囊：

（1）父母应该告诉女孩一些关于身体的科学，让女孩认识到自身的身体构造和男孩的不一样，提高女孩的自我保护意识；

（2）父母要做女孩的倾听者，让女孩遇到特殊的情况，一定要告诉父母，遇到不能解决的问题，要学会向家人求救；

（3）要及早地让孩子认识到社会的复杂，遇到坏人时，要机智地脱身，想办法保护自己。

❷ 让女孩学会做"带刺的玫瑰"

女孩天生乖巧，有时受到欺负，也不懂得反抗，更不敢跟家里人说。虽然说乖巧的女孩惹人怜，但是这种女孩不太适应这个社会，反而是带刺的玫瑰般的女孩更适合这个开放的社会。父母一定要让女孩做"带刺的玫瑰"，长一点"刺"，保护自己不受伤害。

❸ 让女孩大胆地说"不"

很多女孩不懂得拒绝别人，担心她的拒绝会伤害别人，或者因为自己的拒绝让自己失去了别人的关爱。因此，明智的父母要多给孩子关爱，让孩子不因缺爱而去向其他人索爱，更要训练孩子说"不"的勇气，培养孩子坚持自己的原则，给孩子一个底线，如若别人触犯这一底线，就要坚决拒绝，不给别人留下任何伤害自己的机会。

第二章

女孩更需要关爱

家庭环境对孩子的影响最大，孩子最害怕被爸爸妈妈冷落。精神上的满足是物质所无法替代的，与物质相比，孩子更需要父母对她精神上的关注。0～6岁，是为孩子未来人生打基础的重要时期，家长们该如何在这一重要的时期内给予孩子最初的爱呢？

请蹲下来和孩子说话

著名教育学家裴斯泰洛奇说："父母蹲下来和孩子说话，不但拉近了与孩子的物理距离，更拉近了与孩子的心理距离。它体现了父母对孩子民主、平等的态度和对孩子的尊重，从而使孩子更愿意听从父母的教诲，接受父母的忠告。"然而在现实生活中，太多的父母习惯站着斥责孩子，以居高临下的姿态教训孩子，反而会使孩子产生逆反心理。只有父母转变态度，遇到事情的时候主动蹲下来，和孩子处于同一个高度，让孩子感觉到父母的建议是出于平等的关爱，而不是高高在上的指责，这样孩子才会心甘情愿地接受父母的建议和批评。

一个圣诞节的晚上，一位年轻的妈妈带着五岁的女儿去参加圣诞晚会。热闹的场面，丰盛的美食，还有圣诞老人的礼物……妈妈兴高采烈地和朋友们打着招呼，带着女儿穿梭在晚会中，她以为女儿肯定也会和她一样开心。可是，没过多久，女儿就开始厌烦，拖着妈妈想要回家。妈妈开始还很有耐心地哄着，但多次之后，女儿生气地坐到了地上，鞋子也被甩到一边。

妈妈很气愤地训斥女儿，蹲下来给女儿穿鞋子。在她蹲下来的那一刹那，她惊呆了，终于明白了女儿为什么感到厌烦，她蹲下来的高度正是女儿的身高，而此时在她眼前的是大人的屁股和大腿，而不是自己刚才所看到的笑脸、美食和鲜花。

这是一个题目为《蹲下来和孩子讲话》的小故事，在现实当中，父母总习惯对孩子发号施令，把自己的思维和主观愿望强加到孩子身上，却忽略了孩子的想法。大人与孩子的一个身高差距，视线和眼界就完全不一样了，就像小故事里面的女孩和妈妈，两个人虽然是同在一个范围以内，但两个人的视角是完全不一样的。在生活中，由于父母与孩子的阅历不一样，很多想法也会不一样，但有些父母不会尝试着去与孩子沟通、商量，而是直接否定孩子的愿望，强制孩子按照自己的意愿行事。

其实，如果父母真想让孩子听听自己的建议，需要父母与孩子在心灵上的平等交流，让孩子明白自己的良苦用心。如果父母在教育孩子的时候能够蹲下来，与孩子处在同一个高度再开口说话，孩子就可以从父母的眼里看到爱意、真诚和平等，而不只是听到不耐烦和焦急的语气，孩子也会认真地听爸爸妈妈说话，而不会心不在焉。

三岁的丽丽每次做错了事，妈妈都会气急败坏地训斥她，还不时地用手点着她的脑袋。每当这个时候，丽丽都低着头，不看妈妈，眼睛瞟着旁边的玩具。下一次，丽丽还是会犯同样的错误。

有一次，妈妈又在斥责丽丽乱扔玩具，爸爸看到了，阻止了妈妈，一手抱起丽丽，让丽丽和爸爸同一视线，然后才问："丽丽，你怎么乱扔玩具呀？"丽丽奶声奶气地说："我不想玩它们了。"

爸爸把丽丽放下来，拉过玩具收纳筐，蹲下来温柔地跟丽丽说："宝贝，以后哪个玩具不想玩了，就把它放到这里，好不好？"

"爸爸，为什么要把'小公主'（一个芭比娃娃）放到篮子里面呀？"丽丽一脸茫然地问。

"因为篮子是它们的家，是宝贝所有的玩具的家，它们陪宝贝玩够了，宝贝要送它们回家。就像爸爸妈妈带宝贝出去玩一样，我们也要回家，要不宝宝会不开心，是不是？"爸爸耐心地解释。

"原来这样呀。"丽丽恍然大悟地说。

爸爸又接着说："是的，宝贝，我们一起把玩具送回家好不好？下一次我们玩的时候，再邀请它们出来，玩完了再送它们回去，好不好？"丽丽爽快地答应了，两人便开心地收拾起玩具来。妈妈在旁边惊呆了，以前叫丽丽收拾玩具，丽丽都是任性地坐在一边，不肯收拾，爸爸的教育反而起作用了。

之后，丽丽再也没有乱扔玩具，而是每次玩完之后都会认真地把玩具放回收纳箱里。

很多妈妈可能像例子中的妈妈一样，以为女孩只听爸爸的话，而不肯听自己的话。其实不然，是因为爸爸的说话方式更容易让孩子接受，和孩子在同一个高度交流，孩子才愿意把心中的疑惑告诉大人，而爸爸用更婉转的方法告诉孩子需要做到的事情，这样孩子也乐于接受。

"蹲下来"这一步很关键，不管孩子的想法对错与否、有无道理，只有从生理上和心理上都蹲下来和孩子说话，父母和孩子之间才能更好地沟通，只有在了解了孩子的真实想法之后，才可能有的放矢地教育孩子，与孩子建立亲密的亲子关系。

美国精神病学家威廉·哥德法勃曾说："教育孩子最重要的，是要把孩子当成与自己人格平等的人，给他们以无限的关爱。"蹲下来和孩子说话，将会给孩子带来两种神奇的东西。

一是自信。当父母蹲下来和孩子沟通时，可以让孩子感觉到自己受到了尊重。不论是对还是错，如果爸爸妈妈都愿意平等地去对待，她们的自我价值感和自尊感就会比较高，由此带给孩子的将是自信的性格。在未来的成长路上，她们做事情不会再畏首畏尾，因为即使做错了事情，爸爸妈妈也愿意去尊重她们，和她们一起商讨解决问题的办法，而不是一味地指责，这种孩子的性格一般也是乐观和积极向上的。

二是信任。当父母蹲下来时，就拉近了和孩子的心灵距离，更容易获得孩子的信任和好感。此时，向孩子传达的是一种理解、耐心和爱。在这种情况下，孩子更愿意敞开心扉，对父母推心置腹，这源于蹲下来可以给孩子带来信任感。

当然，对于孩子来说，最重要的不是"蹲下来"这个物理动作，而是眼神和态度所传达出来的一种态度。父母尊重孩子，和孩子之间没有高低之分，更没有强迫和专制，这是两个平等的生命之间的沟通。另外，把孩子抱起来或者坐下来，让孩子的视线和自己的视线在同一高度，也可以达到同样的效果。

爱她，就不要一直对她说 "No"

一个成年人，如果不管做什么事都只得到一个 "NO"，永远得不到肯定，会是何种心情？换位思考一下，孩子如果也总是听到这样的话，而且说这种话的人是自己最亲近的爸爸妈妈，她们又怎么承受得了。

在生活中，我们经常可以听到这些话："你怎么连这个都不会啊！""你真是个胆小鬼！""你不行呀，太没出息了！"这些话表面看没什么，但其实会伤害孩子的内心，削弱孩子的自信心。长时间在否定中长大的孩子，往往会内心脆弱而敏感，自尊心过强。由于内心脆弱、敏感，严重的一些孩子可能会上升为厌恶整个社会。

4岁的诺诺近来有点反常，每次和爸爸妈妈去外面，都不愿意

回家。

一次，妈妈带诺诺去超市，准备回家的时候，诺诺找各种借口不愿意回家。妈妈奇怪地问诺诺："宝贝，怎么啦，婆婆在家里等我们回去吃饭呢。"

诺诺说："妈妈，我不要回家，我们在外面吃好不好？"

妈妈好奇地问："为什么这么说？婆婆欺负诺诺了吗？诺诺怎么好像不喜欢婆婆呢？"

诺诺低声细语地说："妈妈，婆婆总是对我说'不行'，我玩玩具'不行'，我唱歌也'不行'。"原来自从婆婆来了之后，限制了诺诺的很多自由，婆婆本意是好的，却引起了诺诺的反感。

孩子就像是一个不受拘束的小动物，正是对外界事物充满好奇且乐于探索的年龄，喜欢亲自去发现和体验，也许结果不那么美好，可是对孩子来说，过程更让他们感到奇妙。如果此时父母出于对孩子好的目的，总是用"不行""不要""不能"等否定回答来制止孩子的游戏和玩耍，就会造成孩子的逆反。

有研究发现，宝宝从一出生就有了自己的思想和判断能力，父母要尊重孩子的思想和判断能力，不能一味地对孩子说"NO"。

当然，父母也不能完全放任孩子，重要的是怎么让她知道什么是可以的，什么是不可以的，而不是简单地对她说"NO"。其实，很多时候，父母不让孩子做的事情，反而使得孩子更加积极地去做。

如果想把孩子培养成健康、快乐，有主见和好品行的人，父母就应该尊重孩子的意愿，不要一味地对孩子的行为指手画脚，不要一味地对孩子的行为说"NO"。具体方法如下。

❶ 不要仅仅是简单地对孩子说"NO"，要说出理由

到了睡觉的时间，4岁的茜茜看到电视柜上的软糖，拿下来一定要吃。妈妈说："不行。"茜茜歪着脑袋看着妈妈说："是软的糖糖，不是硬的。"原来自从上一次茜茜吃糖卡住之后，妈妈便不再让她吃糖，于是她天真地认为硬糖不能吃，但是软糖能吃。

"茜茜准备睡觉了，不能吃糖了。"妈妈一边说一边拿出一本书，接着说，"来，妈妈要讲故事了。"茜茜果然被吸引了过去，妈妈指着书中的一条毛毛虫对茜茜说："你看这条虫虫，它爬得慢慢的，也长得小小的，可它慢慢地爬到了大树上，一点点地啃着大树干，大树被啃了一个大洞，慢慢地就把树心给啃空了。这棵树就枯萎了。"

茜茜听得很认真，妈妈又引申地说："有一种虫虫专门爱吃小朋友牙上的糖，如果小朋友在睡觉之前吃了糖，虫虫就会跑过来啃粘在牙上的糖，啃完糖又会啃牙，小朋友的牙会被啃空的，啃坏了就不能吃东西了，还会很痛呢。到时只能叫医生把牙拔掉，就吃不到更多的好吃的东西啦。"

茜茜好像听懂了妈妈的故事，对妈妈说："那我明天起床再吃糖好不好？"

很多孩子会按照自己的意愿做事，但有些事是不应该做的，或者是爸爸妈妈不希望做的，如果厉声制止也许会有点效果，可是孩子并不明白其中的道理，下一次也许还是会做同样的事情。因此，父母可以像茜茜的妈妈一样，通过其他事物来转移孩子的注意力，再通过孩子比较容易接受的方法告诉她"不行"的道理。

❷ 直接陈述问题所在，让孩子明事理

每天晚饭后，3岁的飘飘都会和妈妈出去散步。

一天，乌云密布，看似要下雨了，可飘飘还是说："妈妈，我们去散步吧。"

妈妈看了看天，对飘飘说："我也想带你去呀，但你看天黑黑的，要下雨了。等明天天气好了，我们再出去散步好不好？"

妈妈通过陈述事实，让飘飘意识到是因为天气的问题不能出去。如果妈妈一开始就说"不行，待在家里玩吧"，孩子就会产生抗拒心理。

❸ 说出了"NO"，就坚定一点

当孩子提出要求时，父母不妨先停一停，思考清楚再回答，不要急着第一时间给出"NO"。一旦做出了决定，就要清楚地告诉孩子你的决定，不要再改变主意。有些父母立场不够坚定，看着孩子可怜巴巴的样子，又会改变主意来顺从孩子的想法，这会不利于父母权威的树立。如果孩子非要缠着父母，父母可以采取"疏忽"的态度，以沉默作答，让她知道说过的话是不能改变的。久而久之，父母说出的"NO"就有了权威性和确定性，孩子也会"知难而退"。

女孩为何爱缠人

女孩可爱惹人疼，但父母有时却饱受女孩缠人撒娇之苦，特别是在大人忙得不可开交时，女孩还是要缠着大人陪伴玩耍。

十个月的茹茹非常黏妈妈，她不让妈妈离开她的视线，就连妈妈上卫生间，她也要哭着闹着一起去。晚上睡觉的时候，只有妈妈在她身边，她才睡得踏实。可是只要妈妈一离开，不到半个小时，茹茹就自动醒过来，到处找妈妈；妈妈一进屋，茹茹好像就放心了，又安安分分躺下来睡着了。

上例中的茹茹之所以那么黏妈妈，是因为她正处于依恋关系明确期，处于这时期的孩子会积极寻求接近父母。婴儿总以啼哭来引起大人的注意，这是一种感情需要；娇生惯养的女孩离开了父母无法生活，十分依赖父母，总喜欢围着父母胡搅蛮缠，这是一种对安全感的需求。因此，面对"缠人"的孩子，父母不能动不动就训斥、吓唬，或者置之不理，而要充分地关心她，满足她的情感和安全感。另外，父母要适时地与孩子保持一定的距离，让她一步步学会远离父母，给她一个过渡期，让她慢慢学会独立，敢于面对外面的世界。

❶ 学习育儿知识，给孩子足够的安全感

父母要掌握一定的育儿知识，通过知识的指导，主动去接触、观察、了解、读懂孩子发出的信号，准确理解孩子言行背后的含义，并做出积极的反馈。初为人父母，九年义务教育并不会教给我们育儿知识，大学四年也不会给我们设立一科育儿课程，父母只能通过自学完成这一门功课。

玲玲从怀孕开始，就买来相关的育儿书籍，平时也关注育儿视频，女儿出生之后，便运用到现实的育儿当中。女儿6个月时，玲玲就在家里圈了一块供女儿爬行的"游乐场"。玲玲发现，女儿想爬到远一点的地方拿一个玩具，爬了几步，她便回过头来看着妈妈。玲玲发现了女儿的这种微小信号，每当女儿回头，她都会积极地给予女儿回应、鼓励她。这样，女儿就敢于大胆地去探索周围的世界，因为她知道，不管发生什么事，妈妈都会在她身后支持她。

当然，父母在选取育儿书籍时，要有取舍，不能全部照搬书中的内容，而要根据自家孩子的特点，有取舍地选择适合孩子的教育方式。

❷ 注重与孩子进行交流和互动

父母不仅要及时满足孩子的生理需求，也要主动走进孩子的内心世界，不断提高与孩子情感交流的积极性与主动性，与孩子想到一起、玩到一起。这种交流的习惯与气氛，可以培养孩子健康的情感，建立和谐的亲子关系，促进亲子关系的良性互动。当然，这种交流和互动不是偶然的，而要融入日常生活中，形成一种家庭交流的氛围和习惯。

3岁的洁洁从小就和奶奶一起生活，虽然妈妈住在不远的地方，但妈妈经常以工作为理由，很少陪伴洁洁，洁洁基本几天才能见妈妈一面。

妈妈不在的时候，洁洁特别乖巧，奶奶要求她怎么做，她都会按着要求做。可是只要妈妈在，她就变得胡搅蛮缠，经常以乱扔玩具或拒绝吃饭等行为来引起妈妈的注意，且每次妈妈要离开的时候，她都非要缠着妈妈，不让妈妈走，或让妈妈带她一起走。

案例中的洁洁之所以会有如此表现，是因为平时妈妈与洁洁的交流和互动过少造成的。每个女孩都希望能依偎在妈妈的怀里长大，可是洁洁偏偏被妈妈推开了，这种不和谐的亲子关系，只会导致洁洁缺乏安全感，进而寻求更多的关注和关爱。

❸ 创造轻松和谐的家庭育儿环境，让孩子不再孤独

安全依恋的形成需要整个家庭环境来营造，如果孩子与父母的感情交流不够，就会因为孤独而缠人。对此，一方面父母要尽量安排出时间来与孩子沟通，增加感情的交流；另一方面要引导孩子学会自己学习、游戏，让孩子的感情逐步独立起来。如果孩子缠人的目的在于得到某种好处，如缠着父母买玩具等，就要视情况而定，要求合理可以给予满足，过分的要求一定要坚决地拒绝。

女孩比男孩更渴望得到父母的关注

俗语说："女儿是父母的小棉袄。"这是因为女孩在感情方面比较细腻，很懂得父母的辛苦和需求。同样，由于女孩比较敏感和细腻，需要得到更多的爱和关注。

当女孩还在摇篮里的时候，就强烈希望爸爸妈妈能和她经常交流。当她们被冷落时，就常常用哭来表达她们的情感并呼吁家人关注她。这时，女孩还不能表达，爸爸妈妈需要耐心地凑到她面前，陪她说话，或者检查她有什么不舒服，直至她开心地挥舞手脚。

当女孩开始蹒跚学步时，她开始渴望得到爸爸妈妈的鼓舞和肯定。她站在原地不敢往前，如果爸爸妈妈微笑地注视着她，并向她伸出双手，她就能跌跌撞撞地走很长的一段路。在爱与关注中，她每做一件事情，都希望得到家人的认可。

可是，很多妈妈过了产假就得重返工作岗位。此时，孩子的生活起居就交给了爷爷奶奶。

十岁的晓洁回忆她的妈妈时说："我第一次见我妈妈是在我三岁那年，我并不知道她是谁，我奶奶叫我拿凳子给她坐，我直接扔到了她的脚下。"晓洁是一个留守儿童，在她六个月的时候，她就被送到了爷爷奶奶的家，她的父母为了生活而在大城市中奋斗。五岁那年，她被接回到自己的家，和爸爸妈妈一起生活，她看爸爸妈妈的眼神就像是看陌生人一样，即使一起生活了五年，她和爸爸妈妈的交流还是不多。妈妈很努力地想去解开两个人之间的心结，希望和晓洁建立起彼此信任的关系。可每次妈妈和晓洁说到心里话时，晓洁都眼神飘离，拒绝多和妈妈交心，她们之间好像有什么阻隔着，难以像其他母女那样亲密无间。

其实，阻隔在她们之间的是那五年的分离，是最初的信任。在0～6岁的幼年时期，女孩是特别敏感而脆弱的，她更渴望爸爸妈妈的关心和爱护。如果她幼儿时期就离开了父母，没有得到父母的关心和爱护，就会在感情上和父母变得疏远。更为重要的是，这个时期是女孩性格形成的重要时期，父母关爱的缺失可能会导致她性格的缺陷，影响她的一生，且是难以弥补的。因此，养育女孩要给女孩足够的爱和关注，但这种爱不是溺爱，而是理性的爱。

❶ 如果有条件，请多抽时间陪伴孩子成长

如今大部分家庭中的父母都是职业人员，由于工作原因，不能一直陪伴在孩子旁边，不能亲自带着孩子一起成长。有条件的家庭，会把爷爷奶奶接到身边一起生活或者请保姆来帮忙带孩子。在一定程度上，这样可以兼顾家庭和工作，但事实上，如果父母不能陪伴孩子，而是让另外一个人取而代之，孩子对父母的感情就会渐渐疏远。

另外，请老人和保姆帮忙带孩子并不是明智的选择。一方面，老人对孩子特别娇宠，无形中养成了孩子娇气的毛病。而且老人的很多教育方式不适合现在社会的发展，如果老人的教育方式和父母产生矛盾，就会造成家庭不和谐，不利于孩子的成长。另一方面，保姆的责任心和文化水平有限，除了照顾孩子的生活起居，很难培养孩子的生活习惯和给孩子正面的教育。因此，父母要尽量亲自照顾孩子，尤其是在孩子0～6岁期间，是孩子的身体、心理、智力发展的重要时期，父母应该给予孩子足够的爱，尽量抽出时间来陪伴孩子成长，而不是交给他人。

❷ 多给孩子一些关注和肯定

每当孩子背了一首诗、学会了一首新歌曲，她都希望第一时间

向爸爸妈妈展示。得到父母的肯定，她会非常高兴，并且因此变得更加自信。如果父母不关注孩子，对她的言行或者某些进步视而不见，她满怀期待的眼神就会变得失落，渐渐地疏远父母。

　　秀秀是一位典型的职场女士，自从产假结束，婆婆来照顾女儿，她便全身心地投入工作中，每天早出晚归，回到家之后，还在忙工作的事情。即使不忙于工作，她也会去参加各种聚会，基本没有时间关注女儿，也不经常和女儿交流。直至有一天，她发现女儿性格乖张，和她之间疏远得像陌生人，她才发现自己这么多年来，一直忽略了她的"妈妈"身份。

　　有些父母认为，爱孩子就是赚足够多的钱给孩子一个富足的生活，却忽略了对孩子的爱和关注。其实，孩子真正需要的是父母的爱和肯定。

❸ 给予孩子足够的安全感

　　女孩天生胆小敏感，父母要保护好女孩，给予女孩足够的安全感，让女孩茁壮成长。有些家庭主妇型的妈妈，即使每天都陪着孩子，也无法给孩子足够的安全感。例如，有时孩子任性吵闹了，妈妈就会训斥说："再不听话，警察叔叔就来抓你走啦。""再闹就不要你啦。"妈妈说得轻巧，但会给孩子带来很大的心理压力。她们会害怕被抛弃，因此她们会更黏人，也时常吵闹，希望以此来引起妈妈的注意。所以，父母在教育孩子的时候，千万不要说一些让孩子没有安全感的话，而要让她一直生活在温暖的安全氛围里。

给孩子再多的爱都不过分

父母对子女的爱是天生的、自然的，这是最原始、最伟大、最美妙的力量。女孩就像是一个小天使，相比调皮好动的男孩，女孩更需要父母的呵护和疼爱。

周国平说过："爱和溺爱的区别在什么地方？当然每个家长都是爱孩子的，不论怎么爱都行，怎么爱都不算溺爱。溺爱和爱就是物质和精神的关系，溺爱就是给他创造特别丰厚的物质环境，要什么给什么，但是精神上没有办法，不和他聊天，没有在一起欢声笑语过。但是如果只要精神上有关怀，怎么爱都行，爱不坏的。"然而，很多父母只注重给女孩足够的物质上的溺爱，对她处处满足，事事顺从，或者对她所犯的错误睁一只眼闭一只眼，却忽略了与她进行沟通，这种爱会逐渐转变成宠爱、溺爱，对女孩的成长有害无利。因此，父母给予女孩的爱既要丰富，又要恰当。

什么样的爱才是既丰富又恰当的呢？就如周国平所说，给女孩的爱要能够让她的精神更加富足，让她生活在欢声笑语中，变得更加乐观、坚强、自信，对未来充满希望，对自己充满信心。

心心是一个6岁的小女孩，虽然没有人见人爱的外貌，但是，她的脸上始终挂着自信和满足的笑容。

心心长得胖乎乎的，有一次她被小伙伴嘲笑了，她感到很难过、很沮丧。爸爸知道后，特别认真地对她说："我的女儿胖乎乎的，好可爱，我真想天天给你拍照，把你可爱的样子记录下来。"

心心和小伙伴们一起做游戏时总是输，有时还会被小伙伴们捉弄，所以她就认为自己比较笨。但是，妈妈总是不厌其烦地对别人说："我女儿唱歌非常好听，还会做家务，我觉得她是一个聪明勤劳的好孩子。"

在父母的鼓励下，心心不再认为自己的胖是缺点，也不再觉得自己笨；相反，她慢慢地发现自己身上有很多优点：懂事、友爱、坚强……

父母对孩子的爱是孩子的"精神食粮"，可以转变成孩子的精神财富，成为她追求卓越、奋斗一生的动力之源。

当孩子遇到伤心事时，把她拥入怀里，轻轻安抚她；当她感到害怕时，拍拍她的肩膀，给予她鼓励；当她遇到困难时，与她一起探讨解决困难的方法；当她取得好成绩时，给予她表扬和赞赏……给予孩子丰富而恰当的爱，用爱去充溢孩子最初那单纯而柔弱的心灵，取代女孩内心中的一些负能量，使之成为一生都能够激励女孩奋进的信念。

那么，在日常生活中，父母还要注意哪些事项呢？

❶ 给孩子更多理智的爱

幼儿时期的女孩都爱哭，但并不是因为她的心眼小，很多时候是因为父母批评和惩罚她的时候，她会觉得父母不再爱她了，所以她才会那么伤心。

在养育女孩的过程中，父母一定要给予女孩更多的爱，让她时刻感觉到爱就在身边，且永远不会消失，这样，她才能成长为一个自信、坚强、乐观的优秀女性。

需要提醒的是，理智的爱能让女孩更加优秀，而太多非理智的爱往往会阻碍女孩的健康成长。父母要给女孩更多理智的爱，一方面是疼爱但不包办。比如，父母要鼓励女孩自己的事情自己做，但在她做这些事情的时候要给予她足够的指导和关注。另一方面是宠爱但不娇纵。比如，宠爱她，但她如果犯了错误，就要及时指出并批评，且在批评之后，一定要让她知道，父母还是深深地爱着她的。

❷ 妈妈要做好孩子的榜样

很多女孩都把妈妈作为模范对象，在生活中，向妈妈学习待人处世方式和生活态度，在各个细节中感受妈妈传递的自我、女人、男人以及生活的一般观念。在某种意义上说，妈妈是什么样的人就决定着女孩将会成为什么样的人。因此，妈妈想把女儿塑造成什么样的人，就得先成为这样的人。例如，妈妈总是要求孩子上进，可是妈妈却一遇到事情就畏缩不前，如此教育出来的孩子绝对不会勇敢和上进。首先，妈妈要停止抱怨和唠叨，以乐观的心态对待生活；其次，妈妈要保持女性该有的形象，不要把生活压力转嫁给孩子，逼着孩子成长；最后，用自己的思想和行动去影响孩子，好的品德是父母送给孩子最珍贵的礼物。

❸ 爸爸不要忘了要多给孩子鼓励和支持

很多时候，爸爸不可能像妈妈那样给予孩子细腻的爱，但也不能忽略对孩子的教育和爱。爸爸要尽可能地陪伴在孩子的身边，和孩子一起做一些有趣的事情，给孩子带来安全感。当孩子取得成绩的时候，爸爸的一句"你真棒"可以拉近与孩子之间的感情，也会让孩子更加自信。如果孩子有一位关注她并善于表达自己情感的父亲陪伴她，就会变得自信、乐观，做任何事情都会充满积极向上的动力。相反，如果爸爸不善于表达，孩子就会误认为爸爸不爱自己，因而会产生自卑、悲观的心理，甚至会对生活中的一切都不感兴趣。

第三章
遵循女孩的心理发展规律

相比喜欢汽车、手枪等玩具的男孩，女孩更喜欢洋娃娃、色彩鲜艳的衣服等美好的东西，正因为如此，女孩看起来比男孩更容易培养。她们心思细腻，小小年纪就跟着父母忙这忙那。要培养出正能量的女孩，父母首先要了解女孩，并走进她们的内心世界，陪伴她们健康成长。

女孩的心理发展历程，需要你懂

1～1.5岁，女孩开始对这个世界进行第一次探索。1岁以后，女孩的语言能力有了进一步的发展，开始知道自己的名字和身边人的名字，也开始认识自己的身体及各个部位，如鼻子、眼睛、脚等，意识到了身体的感觉，如宝宝肚子痛、打针痛等。她喜欢在家里到处走走，什么都要看一看、摸一摸，通过对周围环境的积极探索，广泛、多方面地接触和认识了事物，同时也锻炼了自己运用工具的技能，为向下一个阶段发展做好了准备。此时，父母只需要收好一切可能出现危险的物品，给孩子营造一个安全的探索环境。如果家长对孩子的这种探索行为加以阻止和训斥，便会令孩子感到自己的探索是在做错事，也会让孩子对自己产生怀疑。这样不但会压制孩子的好奇心，还会在他心里留下自我怀疑的阴影，妨碍他树立自信心，进而失去探索的热情。

1.5～2岁，女孩开始萌发自我意识。这时的女孩虽然还依赖父母照顾，但又常常与家长作对，不断提出这样或那样的要求，如果要求达不到就哭闹、发脾气。这些都是幼儿成长过程中的正常表现。她的独立愿望越来越强，却分不清什么该做什么不该做，因此父母要根据具体情况，正确地回应孩子的要求。这一阶段的女孩开始形成自己独特的思维方式，但由于知识的缺乏，她经常会提出一些成人难以回答的问题，如"天上的星星有多少?""是谁放上去的? "……实际上，孩子提问不仅锻炼了运用语言的能力，还是一种自发学习、自发思考的行为。家长应该认真对待孩子的提问，这样既可教会孩子各种她感兴趣的知识，同时又锻炼了孩子的语言能力和思维能力。

2～3岁，孩子进入"第一反抗期"。这个时期的孩子开始表现得特别不听话，逆反心理强烈，事事都要按照自己的意愿去做。但有些家长不能正确理解，认为孩子变坏了、不乖了，而对孩子的行为横加指责，这会对孩子的心理发展产生极为不利的影响。这一时期的孩子强烈要求摆脱大人的庇护，希望按照自己的想法玩耍，而不愿再事事听从大人的摆布。这一现象是孩子心理发展的必经之路，家长一定要尊重孩子，尽量为孩子创造更多发挥独立性的机会。当孩子发脾气时，家长可以装作不知道，暂时不去理她，或把孩子的注意力引向其他游戏。这样孩子的反抗心理就能得以缓和，并有助于促进孩子心理的正常发展。如果家长对女孩子管教过严，用过多的"不行"和"镇压"来制止反抗，就会阻碍孩子自我意识的发展。相反，如果为了不让孩子哭闹而一味地取悦、迎合孩子，则会滋长孩子任性、固执等非理性的意志萌芽。

3~4岁，孩子强硬的拒绝态度减少，学会了分享和依赖，还有一点儿恋母的情结。肢体语言相对可以自主控制，步伐较为稳定，语言表达能力有了很大的进步。但从三岁半开始到4岁，孩子多半会变得内向、焦虑，缺乏安全感。甚至会表现在生理上，比如口吃、常摔跤，有时会紧张得发抖。她还不能控制自己的情绪，所以父母要多陪陪孩子，缓解她的焦虑，给足她安全感。教她一些正确控制情绪的方式，多鼓励她与人交流，消除紧张的情绪。

4~5岁的女孩喜欢各种新鲜事物，此时她的探索心最强，比如对不认识的人、新游戏、新玩具、新活动和新书都十分好奇。此时的孩子对新鲜事物的接受能力比较强，但她并不具备分辨是非的能力，因此，父母要正确地引导孩子，让孩子树立正确的是非观。到了4岁半，孩子就学会了讨价还价，她发现大人虽然握有大权，但并非无所不能，因此她要尝试着用自己的方法去解决问题。父母可以提一些有趣的点子，女孩会积极响应，从而提升她的创新、创造能力。也可以读故事给她听，让她在故事中明事理。

5~6岁的女孩变得安静下来，不再喜欢咋咋呼呼，热爱生活，自得其乐，开始懂得遵守既定的规则。因此，父母不妨在此阶段给孩子制订一些规则，让孩子去遵守并形成习惯，例如睡眠时间、阅读时间等。这个阶段的孩子形成了"自我"意识，非常在意自己的隐私权，开始拒绝父母乱进她的房间，乱翻她的东西。她们不会再对陌生的事物有太大的兴趣，也不再为了冒险而冒险。此时的孩子已经懂得了自我控制，基本能衡量自己的能力，把做得到和做不到的事情分得很清楚，也通过尝试去独自完成事情，初步建立了自信。但是，5岁半的女孩因为接收了太多外界的影响，可能会有点迟疑不决和懒散，眼和手的配合不如从前，还不会好好写字。此时，父母无须要求女孩练习写字，因为收效不佳。

其实，父母要读懂女孩的心是一件很容易的事。

首先，要了解孩子所处年龄段的基本特点，甚至整个儿童期的发展特点，统揽全局，知识储备在先。不要孩子6岁了，还用对待3岁孩子的教养方式教养孩子；也不能孩子只有2岁，就用对6岁孩子的要求来要求她。比如，处于"沙、水敏感期"的孩子会非常喜欢玩水、玩沙，如果父母不懂得孩子的这个心理特点，就可能出于卫生习惯或看护方便的考虑制止孩子玩这些东西，让孩子的需求受挫。

其次，要善于观察孩子的行为，不要被表象迷惑。女孩的表达方式和大人不一样，很多时候她并不愿意用语言去表达或者并不能准确地表达自己的需求，有时她会觉得其他方式可能比语言表达更有效，所以父母会经常误解孩子的行为。比如，有时她想让父母陪伴她，给她肯定，可能会用各种夸张的但不是很值得鼓励的行为来引起父母的注意；当她做错事时，她可能会撒下第一个谎言……如果此时，父母只看到问题的表象，直接去制止她或者叱喝她，她就会感到不被理解。

最后，要鼓励孩子多表达自己的感受，这样会更加容易理解她的心思。因此，父母要想让孩子的心思更透明，一定要多鼓励孩子表达自己的感受，尊重孩子的感受。也许孩子的感受跟自己期待的不一样，但是不要轻易地压制孩子，而要给孩子表达的自由。

1～3岁，孩子喜欢自己动手

　　爱动手是1岁多孩子的特征，这个时期的孩子对周围的一切都感到好奇，但她只学会了走、爬、跳、拿、摔、丢等动作，还不会用语言表达，就只好自己动手了。面对周围的新鲜事物，她会先仔细看，确定是什么，然后再伸出手"探索"一下，这是她对周围环境的触觉认知。但她的动作还不够熟练，常常东跌西撞，经常会磕碰到自己，很多父母心疼孩子，生怕她会受伤，便开始控制她的行为，不允许她到处乱摸，其实这不利于孩子的成长。

　　1岁的小蓓刚刚学会走路，走得东倒西歪的，她每天最大的乐趣是探索家里的一切。从早上一起床就开始这里摸一下那里翻一下，玩具被她扔了一地。磕碰到了，摔倒了，哭了一下，又继续她的探索。

　　妈妈看着她腿上的瘀青，虽然很心疼，但并不阻止她，而是在地板上全部铺上软软的地毯，在桌子角的地方都贴上软软的护角，把危险的东西，如插座全部收起来放在小蓓够不着的地方，给小蓓打造了一个相对安全的环境，让小蓓自由地探索她周围的环境，同时也减少了小蓓磕碰受伤的可能性。

　　俗话说，"心灵手巧""十指连心"，这说明了手和大脑有非常密切的关系。而儿童的智慧就在她的手指上。1岁左右的女孩喜欢动手，在日常的生活中，父母要抓住这一时期孩子的特点，注重培养孩子的动手能力，可以像小蓓的妈妈一样，给她打造一个安全的环境，让她自由地去探索。

　　女孩在2岁半以后，由于生理和心理的成熟发育，会表现出一种明显的自主性和独立性，什么事都想自己干，喜欢模仿成年人或同龄小伙伴所干的事情，你要是不让她干，她会以哭闹或其他形式进行反抗。例如，3岁左右的儿童愿意自己使用勺子或筷子吃饭，不愿意让他人喂饭，如果强行喂饭，孩子就会产生反抗情绪——不好好吃饭。

　　需要父母知道的是，喜欢自己动手是女孩成长进步的标志，是女孩发展自主性、独立性、自信心、意志力、想象力、安全感等行为品质的关键时期，这一时期只要她的行为不具伤害性，成年人就不要过分干涉和束缚她的行为。如果成年人压抑了孩子的行为，强迫孩子做个安静的小公主，或采取打骂、恐吓手段对待孩子，那孩子就会丧失自信，并产生自我否定的观念。国内外的医学心理学研究表明，过分抑制孩子的动手能力，会影响孩子的身心发育。例如，不让孩子做一些力所能及的事，孩子长大后的依赖性就会异常严重；过分干涉和限制孩子的独立，孩子长大后的性格就会非常软弱，独立生活能力极差。父母应该抓住孩子这一阶段喜欢动手的特点，培养孩子的动手能力，对其以后的成长意义重大。

❶ 手的活动能促进大脑的发育

心理学研究表明，人的心理活动（包括智力活动）是大脑的机能。一个人智力水平的高低、创造能力的强弱取决于其大脑机能是否成熟与发达。从1岁开始，女孩就喜欢自己去动手，通过对周围环境的摸索，在大脑中形成对这个环境的认识和记忆，可以促进大脑的开发。当她的双手活动时，手指头上的神经细胞会随时将信息传到大脑，因而加强幼儿手的活动是开发其大脑潜在机能、培养其创造性的重要环节。

❷ 手的活动能培养女孩的自信心及坚持到底的意志品质

2岁半以后，女孩就喜欢做她力所能及的事情，如自己吃饭、穿鞋等，且拒绝父母的帮助。手的活动，不仅能让女孩获得表现自己创造力的机会，还可以使她对自己的聪明才智产生足够的信心，养成敢说敢干的精神和坚持到底的顽强意志，这些对女孩今后的发展有着深远的影响。实验证明，孩子的聪明程度与其从小喜欢动手的程度不无关系。

在这一阶段，除了让女孩自己摸索周围的环境，父母还可以根据她的动手能力，提供各种结构材料，让她玩结构游戏。父母可以设计出一些结构材料供女孩游戏，如用硬纸板、卡纸剪出各种几何图形的小块，让女孩做拼图游戏。这样可以满足她好动的心理需求，实现她的某些创造性设想，培养她的动手能力。

总之，培养孩子的动手能力不仅能使她获得一双巧手，还能促进其大脑的发育成熟，因而父母应注重孩子这一阶段喜欢动手的特点，抓住机遇培养孩子的动手能力，使她真正成为心灵手巧的人。

3～6岁，让孩子学点家务活

蒙台梭利说过："儿童对劳动从不厌倦。劳动使他成长，劳动让他更具活力。儿童从不要求减轻他的劳动量，他喜欢独自完成某件事。因此，甚至可以这样说，不劳动，儿童的活力就会走向衰竭。"没有人是天生懒惰的，孩子身上充满了生命力，他们也会乐于帮助爸爸妈妈完成某一项劳动。在他们看来，劳动并不是劳动，而是另一种游戏。

可是，很多家长不了解这个秘密，只看到让孩子帮忙做家务会越帮越忙，与其要求孩子帮忙做家务，还不如自己动手做得轻巧。如此一来，就好心地拒绝了孩子的帮忙，夺走了孩子成长的途径和孩子的生活乐趣。

其实，3～6岁的孩子已经具备了完成简单的家务劳动所要求的协同能力、灵敏度和集中力。哈佛大学一项调查研究表明：爱做家务的孩子，成年之后的就业率会比不爱做家务的高15倍，犯罪率是不爱做家务孩子的1/10。让女孩子从小做家务，养成自己的事情自己做的习惯，对女孩的肢体发育、认知能力发展乃至责任感的培养有非常重要的作用。

　　一位妈妈向儿童养育专家抱怨说："我的女儿读书以后，写字又慢又难看。家里没少培养她，怎么就那么笨呢，写字都写不好。"

　　专家问："你家孩子是不是从来不做家务？"

　　妈妈很惊奇地说："你怎么知道，在家里她就是一个小公主，什么事都舍不得让她干，她也做不好，到现在吃饭都还要喂，更别提做家务了。"

　　专家建议说："孩子要做一点家务，自己的事情自己做，能够锻炼很多能力，还有双手的灵活性。如果孩子什么事都没做过，她的臂力和握力都会很差，这不利于她写字。"

　　妈妈这才恍然大悟，一再感叹没想到心疼孩子反而害了孩子。

　　很多家长都会如例子中的妈妈一样，不让孩子做家务，以为是对孩子好，尤其是孩子上学之后，父母恨不得孩子将全部精力都投入学习中，就算有时孩子表现出想做家务的意愿，也会被父母一把拦住。但是，孩子从小做不做家务，对孩子的未来成长有特别大的影响。

❶ 做家务能够提高女孩的肢体协调能力

有些家长为了锻炼孩子的肢体协调能力，花钱报名带孩子去参加亲子活动。然而，最好的锻炼孩子肢体协调能力的活动是家务劳动。

4岁的小溪做什么事都慢半拍，妈妈以为她智力方面出现了什么问题，便带她去医院检查，检查结果显示各项指标都很正常，没办法，妈妈只能带着小溪来求助儿童心理专家。

心理专家听了之后，笑着说："孩子没什么问题，你带她回去，多让她做家务。"

妈妈半信半疑地带着小溪回家，做家务的时候也给小溪安排一些家务活，没想到，半年不到，小溪就好像变了一个人，做什么事情都是又快又好，不再磨磨蹭蹭了。

家务劳动有很多种，孩子的各种肢体能力都能锻炼到。比如，扫地、拖地可以锻炼孩子的大肢体动作，择菜、叠衣服可以锻炼孩子的精细动作。通过做家务，孩子的肢体得到充分锻炼，手眼协作能力也会越来越好。

各个年龄的幼儿的动作技巧、认知程度、体力、耐力均不相同，所以父母要求孩子做家务的时候，应视孩子的能力而定，不宜过多或太难，以免孩子因受挫而产生畏难情绪，抗拒做家务。那么，各个年龄阶段的孩子适合做哪些家务呢？具体内容见下表。

年龄	家务类型
3~4岁	收拾玩具；准备餐桌（为爸爸妈妈递碗筷等），饭后自己把盘碗放回厨房的水池里；帮助妈妈把叠好的衣服分类放回衣柜，将自己的脏衣服放到洗衣篮中
4~5岁	浇花、喂宠物、铺床、擦餐桌，整齐摆放自己用过的毛巾和牙刷，准备自己第二天去幼儿园的衣服和书包
5~6岁	参与择菜、洗米、煮饭，帮忙晾衣服、叠衣服，帮忙擦桌子、铺床、换床单

❷ 多做家务可以增强孩子的自信心

如果孩子从小到大从未独自完成过任何事情，也不曾成功过，那用什么来树立自信心呢？对女孩来说，当她们掌握一项技能，做成一件事情时，会带给她们非常强的成就感和自信。如果爸爸妈妈包办了所有的事情，表面上是为了孩子好，实际上是剥夺了让孩子体验成功的权利。

不过，在幼儿时期，孩子第一次接触家务，也许不能做得很好，父母要多容忍、少责备，在指导孩子做家务的时候，要耐住性子，多次示范，口气温和，有步骤地以游戏的方式和心态教导孩子学习做家务。对于孩子不熟悉的家务，可以先陪她一起做几遍，告诉她正确的做法。

❸ 做家务可以让孩子更有责任心

如果孩子从小衣来伸手，饭来张口，什么都不操心，从未接触过家务，那她们长大后就不会懂得细心照顾家人，更别提有责任心了。而从小让孩子学着做家务，为家中尽一份力，便可培养出责任感。

需要注意的是，无论孩子做得如何，爸爸妈妈都别忘了给予她赞美和鼓励，让孩子知道，她做的每件小事都是被认可的。也许因为年纪小、能力有限，做得不如大人娴熟，但是没关系，熟能生巧。当孩子熟练掌握某一种家务时，也可以鼓励她多想一想有没有更好的办法提升效率或者找出更优的做法。

让孩子心理压力少一点，快乐多一点

现在的孩子3岁就要入园，6岁就要面临入学的压力，环境的变化、学习内容的加深、人际关系的转变等给孩子带来了压力。不仅如此，吃饭、睡觉、阅读，还有各种培训班也增加了孩子的压力。

"妈妈，您别再说了行吗？"4岁的月月正在吃饭，妈妈在旁边不停地催促她吃快点。刚进幼儿园时，月月因为吃饭慢的问题屡次被老师批评，有时老师等得不耐烦了就过去喂她，长此以往，她遭到了同学们的取笑，为此她曾拒绝去幼儿园。她说不喜欢总说她吃饭慢，给她喂饭的生活老师。后来，只要谁在她面前提起吃饭，月月就会不开心地跑开，并大喊着："我听不到，我耳朵关门了。"妈妈这才意识到，吃饭这件事给女儿带来了那么大的心理压力。

对于孩子而言，很多生活琐事都对她们有着深刻的影响，会给她们带来诸多压力，如刚入园时面临的分离焦虑、无法和同龄人好好相处、父母之间吵架等，但更多的是容易被父母忽视的日常琐事，如吃饭、睡觉、起床、阅读，甚至参加培训班、打游戏、看动画片等。

亲子教育专家沈佳慧说过："孩子的压力，有一半以上来自父母，但父母往往不觉得。"父母只要试着认真地想一想，您第一次上幼儿园是否也哭着闹着要跟妈妈回家？您是否因为父母把您和他人进行比较而恼火？您上学期间是否有高大的男孩子欺负您？通过反省，父母就会发现，孩子的压力真的不小。

除了生活中的压力，孩子一旦开始上学，就要面临"望女成凤"的压力。说得好听是进行早期教育，挖掘孩子的潜能，因此给孩子报了无数的兴趣班，剥夺了孩子休息和玩耍的时间。

"妈妈，您就让我在家里待几天吧，我保证安安静静的，不打扰您。"6岁的小何哀求妈妈说。从三岁开始，她不是在培训班，就是在去培训班的路上，她说她基本忘了在家待一整天是什么感觉了。

挖掘孩子的潜能固然很重要，但要循序渐进，不能一蹴而就。

成功的教育是让孩子身心都能够健康，一味地让孩子学习太多的技能却没有考虑到他们的承受能力，反而会让孩子们觉得无所适从，每天除了学习鲜少有亲子交流，这不是一种健康的家庭关系。

孩子早期潜能的开发并不是代表着让孩子从幼儿时期就忙忙碌碌地学这学那，孩子若是本身没有兴趣，过早地逼迫孩子们学习过多的技能，只会让孩子产生抵触和厌烦的心理，甚至于可能扼杀了孩子的潜力，对孩子今后的发展有着诸多不利。

真正的早期教育应该从孩子的心理出发，培养孩子良好的个性和习惯，多关注孩子的内心世界，拔苗助长反而不利于孩子的健康成长。父母要多给孩子一些空间和时间，让孩子压力少一点，快乐多一点，说不定更有利于孩子的茁壮成长呢。

爸爸妈妈对乐乐的管教十分严格，由于爸爸妈妈之前的家境不好，他们没有条件受到好的教育，因此他们把所有的希望都寄托到了乐乐的身上。

为了能让乐乐聪明过人，有一个好的未来，于是，乐乐2岁开始学汉字，3岁学背唐诗，4岁学拼音、学写字，5岁练舞蹈，6岁写短文。在父母精细化的教育之下，乐乐的各方面能力都得到了很好的开发，在很多方面都表现得十分优秀。5岁那年，她参加作文比赛获得一等奖，6岁参加儿童绘画比赛获得二等奖，7岁参加演讲比赛获得第一名。

乐乐上了小学之后，爸爸妈妈对她的要求更加严格了，每次不管大考小考都要考第一，不仅要在班级第一，还要在学校第一，不知不觉之中给了乐乐莫大的压力。直到乐乐上了三年级，参加一个大型的比赛，由于无法承受这份压力，在比赛前一晚，乐乐发高烧住进了医院。此时，爸爸妈妈才明白：有多优秀并不是重点，最关键的是孩子健健康康地成长。

其实，父母不能给孩子太大的压力，毕竟她们还没完全长大，不懂得如何去解压，压力太大只会导致她的情绪崩溃。"望子成龙，盼女成凤"，家长费尽心力地安排，无非是想让子女过上比自己更好的生活，但对孩子来说，最好的生活莫过于睡一个好觉、玩得痛快。

父母为什么对孩子过度关爱，恨不得安排好她的一生呢？这与父母所承受的压力有关，他们不自觉地把生活中所面临的压力转嫁给孩子，把孩子视为自己生命的延续，其实这对孩子来说很不公平，甚至会导致孩子的身心发育不健全。在父母过度关爱下的孩子，心灵的私人空间总处于被侵占、被填充的状态，等她们慢慢地长大，意识到了父母的"自私"，她们会想方设法地寻求解脱。其中，一部分孩子会表现得叛逆，对父母的疼爱全盘否定；还有一部分孩子则会在父母的管束中妥协，变得过分依赖家长，判断和选择能力日益减弱。

因此，父母应该多引导，少约束，给孩子一个宽松的心灵成长环境，鼓励孩子做力所能及的事，遇到需要孩子独立面对的选择时，应该敢于放手，把决定权交给孩子。孩子会在享受父母给予的自由时，慢慢强化自己的正确行为，纠正自己的错误行为。

父母可以试着站在孩子的角度想问题，与孩子保持适当的心理距离，不要过分干涉。"己所不欲，勿施于人"，请把孩子当成独立的个体，给她们更多的自主权，让她们学会自我管理，不要给小小年纪的她们施加太多的心理压力，让她们少一点心理压力，多一点快乐。

第四章

培养好习惯，成就孩子的幸福人生

> 要养成任何一种习惯，都必须持之以恒，按一定的要求坚持去做，从而使这些行为逐步形成条件反射，成为自觉遵循的习惯。要让幼儿养成良好的生活习惯，就要坚持按一定的作息时间去做。开始时，教师和家长要互相配合，经常提醒、督促孩子，从而让孩子形成良好的行为习惯。

健康的女孩更美丽

有人说过，"健康是1，事业、财富、婚姻、名誉等都是0，有了前面的1，后面的0才有价值，才越多越好；如果没有了前面的1，后面的0再多也毫无意义的"。

随着时代的发展和生活理念的更新与倡导，越来越多的人意识到健康的重要性，尤其是身体健康。为人父母，最大的希望是自己的孩子能够健康成长。然而，有研究表明，近20年来我国中小学生的身体健康状况呈现逐年下降的趋势。其实，孩子的健康状况与父母的认识有着重大的关系。有些父母为了"盼女成凤"的目标，要求孩子把所有的精力和时间都投入"为她好"的学习中，剥夺了孩子参加体育活动的所有机会。当孩子的身体出现了问题，很多父母选择用各种营养液等补品这种省事、省时的方式来增强孩子的体质。其实，这样的做法无异于水中捞月，对孩子的身体健康并不利。

强健的身体是孩子获得健康的基本保证，良好的身体状况才能促进孩子的学习，才能保证孩子有充沛的精力去生活。那么，父母该如何培养孩子，让孩子拥有强健的身体呢？

❶ 孩子睡得"饱"，才能长得好

睡眠在人的生活中占有非常重要的地位，对幼儿更是如此。人体的生长激素大部分是在睡眠中分泌的，生长素能促进人体身高的增长。0～6岁是孩子的最初生长时期，如果孩子的睡眠时间和质量跟不上，孩子的身体健康状况就会下降，进而身高也会受到影响。

可是，很多父母并未意识到这一点。随着生活步伐的加快，很多父母都是到了深夜还未入睡。孩子出生后，很多父母也不加注意，任由孩子跟着父母一起晚睡。孩子3岁之后，天天上幼儿园要早起，晚上回来还要参加各种兴趣班、培训班，好好休息的愿望成了泡影。把孩子的身体健康作为她成长的代价，这未免有点太惨重了。

关于，0～6岁孩子每天需要的睡眠时间，具体内容见下表：

年龄	每天需要的睡眠时间（小时）
新生儿	16～20
3周	16～18

续表

年龄	每天需要的睡眠时间（小时）
6周	15～16
4个月	13～18
6个月	14～16
9个月	13～16
1岁	12～15
1岁半	14～17
2岁	13～14
3岁	12～13
4～6岁	10～12

为了孩子的健康，父母一定要有远见，保证孩子有足够的睡眠时间和良好的睡眠质量。

❷ 鼓励孩子天天锻炼身体

锻炼身体的意义在于防患于未然，忽视锻炼就等于忽视健康。父母要引导孩子天天运动，坚持锻炼身体，通过运动来提高孩子的抵抗能力，塑造孩子的身形。

如果家有男孩，父母就会乐于带他去参加各种体育活动，让他在体育锻炼中强身健体，希望他变得更加坚强。而对于女孩，很多父母觉得她们年龄小、毅力差而不愿意带她们去参加体育锻炼，这样会给女孩一种消极的心理暗示，会导致女孩形成"我不行"的意识，从此拒绝和讨厌体育锻炼。

其实，持续的锻炼同样可以增强女孩的体质，开发女孩的智力，在体育锻炼中还可以培养女孩的良好品质。但是，有个别女孩生性安静，不喜欢运动，此时，需要父母采取相应的方法让女孩对体育锻炼产生兴趣。例如，采取带头的方式，父母首先要坚持天天运动来影响孩子，然后给孩子自主选择的权利，但一旦选择了，就要让孩子坚持下去。

❸ 带孩子在旅行中锻炼身体

旅行不仅是一种文化休息的形式，也是人们锻炼身体的有效手段之一。

在周末、假期时，父母不妨带孩子去旅行，既可以锻炼孩子的体魄，增强孩子的体质，又可以开阔孩子的眼界，陶冶孩子的情操，更重要的是能够促进孩子和父母之间的关系等。需要注意的是，旅行地点、时间要因地制宜，这样才能因景悦情，对女孩的身心健康有好处。当然，在旅行中父母一定要注意安全和卫生。

良好的作息习惯，让孩子更阳光

良好生活习惯的养成，往往从每天的作息开始。作息习惯正常了，生活习惯才能正常。

睡眠是人体恢复精力和体力不可缺少的一项活动，更是0～6岁女孩健康成长的一个重要环节。爸爸妈妈教孩子养成按时睡觉、早睡早起的习惯非常重要，可以让孩子在习惯中学会自我管理，渐渐形成独立的生活意识和行为，也有助于孩子身体免疫系统抵御机制的形成，能阳光、健康、积极地面对生活，也更有利于孩子良好饮食习惯的养成。因此，家长一定要让孩子尽早明白早睡早起身体好的道理，培养孩子按时作息的好习惯。

虽然，大多数的家长都注重孩子作息习惯的培养，但不可忽视的是，也确实有不少家长让孩子养成了熬夜的习惯。

丫丫虽然只是一个4岁的小女孩，却是名副其实的"夜猫子"。丫丫的爸爸妈妈是做夜宵生意的，总是白天与黑夜颠倒。受父母的影响，丫丫的作息时间特别随意，有时下午5点还在睡觉，有时晚上2点还在玩耍。在丫丫很小的时候，爸爸妈妈也没觉得这会对丫丫造成什么影响，便放任丫丫的作息时间。但是随着丫丫年龄的增长，妈妈很快就发现，丫丫的成长比同龄人慢，且很容易疲惫，稍有不顺就情绪暴躁。

妈妈很担心，因此带着丫丫去看了医生，医生了解到丫丫的生活习惯，就建议妈妈培养丫丫的固定作息时间。此后，妈妈给丫丫制定了固定的作息时间，即使忙于生意，到了丫丫的睡觉时间，也会放下手上的工作，先安抚丫丫睡觉。等丫丫睡着之后，再去忙手上的工作。

在现实生活中，很多家长因为个人工作或沉迷于电视剧，忽视了孩子作息时间的培养；也有些孩子因为晚上的时间被排满了学琴、练书法、绘画、背诵等，不能按时入睡。然而，不管是什么原因造成孩子熬夜，都是不符合科学要求的。父母应该记住，生长激素分泌的高峰期是晚上10时至凌晨1时，超过这个时间睡觉，对孩子的健康必然会产生负面影响。如果父母因个人工作时间不能陪伴孩子睡觉，也可像丫丫的妈妈那样，到点了先安抚孩子睡觉，然后再悄悄起床去忙其他工作。

有医疗实践证明，常常晚睡的孩子会有过敏性鼻炎和气管不好的毛病。临床上还发现，熬夜容易让人衰老，而孩子熬夜容易造成眼睛疲倦、不爱走路且情绪不稳定的倾向。为了孩子的健康成长，父母一定要让孩子养成良好的作息习惯。那么，父母应该怎么做呢?

❶ 给孩子营造一个温馨的睡眠氛围

3岁的盈盈每天都是在固定的时间睡觉，每天晚上8：30便开始上床，听十分钟的故事，盈盈就睡着了。亲戚朋友羡慕地说盈盈真好带。其实是因为盈盈的妈妈一直以来都很注重培养她的作息时间。

每天晚上8点，妈妈便和盈盈收拾玩具，准备睡觉。全家人也会配合妈妈，该熄灯就熄灯，该关电视就关电视，爸爸也会停下手中的工作，放下手机，先陪盈盈入睡。直至盈盈睡着了，家人再开启夜生活。

女孩三岁之前，需要爸爸妈妈陪伴着睡觉。可是很多家长在培养孩子固定的作息时间时，却忽略了给孩子营造一个睡眠氛围。有些家庭，爸爸陪伴孩子睡觉，但妈妈还在厨房忙碌;或者妈妈陪伴孩子睡觉，爸爸在旁边看电视或玩游戏。这样很容易让孩子分心，没有心思入睡。家长们可以像上例中的妈妈一样，先给孩子营造一个睡眠氛围，等孩子安然入睡之后，再忙其他的事情。

孩子3岁以后，可以考虑分房睡，当然5岁左右最适合分房睡。但分房睡之后，孩子可能会怕黑，对她们来说，熄灯睡觉是一件特别恐怖的事情。对于胆小怕黑的孩子，无论父母怎样安抚和解释，都不能让她们消除疑虑，也无法使她们心甘情愿地关灯睡觉，对此，爸爸妈妈可以在孩子的房间里装上一盏光线较暗的长明灯，或者让她把房门打开，在客厅里留一盏灯，让她抱着一个她所熟悉的布娃娃睡觉。等孩子有了安全感之后，自然会减轻对熄灯的恐惧，养成按时睡觉的习惯。

❷ 让孩子养成午睡的习惯

有研究表明，午睡可以让人的大脑得到休息，并提高人的记忆力。从小让孩子养成午睡半个小时的习惯，能从总体上提高孩子的记忆能力，也有助于孩子精力的恢复。

从早上到中午，孩子学习或者玩耍了半天，身体必定会觉得疲惫。午饭后稍睡片刻，可以使孩子精神焕发，神清气爽，并且能促进消化。因此，父母要根据孩子的年龄、个性及季节的不同而区别对待，培养孩子养成午睡的习惯。

❸ 睡觉之前可以和孩子聊聊天

在睡觉之前，爸爸妈妈可以和孩子聊聊天，说说一天的趣事，或者给孩子讲讲故事，让睡前时光成为亲密的情感交流时间，成为孩子所期盼的时刻。如果孩子期待这个时刻，也就乐于准时睡觉，当孩子获得满足之后，也会安静地入睡。

总之，对于一个正在成长的幼儿，培养其正常的作息时间，是为人父母的责任。晚上睡眠好，第二天才有精神。规律的作息时间不但是孩子健康成长的基础，而且对孩子未来的发展也很有帮助。如果爸爸妈妈还没有让孩子养成良好的作息习惯，不妨就从现在开始吧。

合理膳食，塑造孩子的优美身形

相比婴儿，学龄前幼儿的生长速度较缓慢，但由于神经和大脑的发育日趋完善，孩子开始有了自己的膳食偏好，例如，有些孩子喜欢吃鱼不喜欢吃青菜，有些孩子喜欢吃青菜不喜欢吃肉等。如果父母纵容孩子的选择，允许她只吃自己喜欢的饭菜，就会导致孩子偏食、挑食，造成营养失衡，不利于孩子的身体生长。父母不但要有意识地培养孩子良好的饮食习惯，而且要合理地安排膳食。婴幼儿的消化器官还没有完全发育成熟，膳食的组成不能和成人的一样，质量要比成人的高些，且易消化。

如今，人们的生活水平得到了极大的改善，物质水平更加富足。各种零食甜品成了家庭必备品。很多女孩都喜欢吃零食，可是很多零食大都是垃圾食品，不仅不能为她们提供必要的营养，且其中的色素、香精等化学物质反而会危害她们的健康。尤其是甜食，

90%以上的婴幼儿都喜欢吃甜食，然而，孩子多吃甜食会降低食欲，也会影响其他食物的摄取。有些家长很烦恼孩子不肯吃饭，却忽略了孩子一整天都在吃各种各样的零食。为了孩子的身体健康，父母应当帮她养成健康的饮食习惯，让她不偏食、不挑食，这样才更有利于孩子的健康成长。

5岁的静静看起来比同龄人更瘦小，不长个子，也不长肉。营养医生告诉静静的妈妈，静静的情况其实是营养不良的表现，应该多吃营养全面的食物。

家里的饭菜质量不差，一日三餐也是菜品繁多，营养均衡，可是静静却十分挑食。她不喜欢吃的食物，不管父母怎么劝说，她还是一口都不肯吃，再强硬地要求她吃，她就开始哭闹。平时，静静总是缠着奶奶带她出去买零食，老人心疼孙女，便每次都满足她的愿望。由于吃了不少缺乏营养的零食，所以每到吃饭时间，静静就吃不下更多的饭菜。久而久之，由于营养摄入不均衡，静静的身体就开始出现营养不良的情况。

静静的妈妈了解到营养均衡对静静的重要性之后，便开始向老人解释零食对静静产生的不良影响，幸运的是老人很开明地接受了妈妈的建议，也配合她一起重新培养静静的饮食习惯，慢慢减少她的零食。果然，没有了零食，静静开始吃更多的饭菜，身体状况也越来越好。

挑食、偏食、爱吃零食等坏习惯会令孩子的营养失衡，从而使孩子有可能因能量不足而过瘦，也可能会因为能量过剩而肥胖，这些都不利于孩子优美身形的塑造，可能会使孩子因身形问题而产生自卑心理。另外，营养失衡还会留下健康隐患，甚至影响孩子的智力发展。一日三餐是孩子摄入营养的主要方式，父母应当培养孩子良好的饮食习惯。

首先，科学地设计食谱，让三餐营养搭配均衡，保证孩子的营养摄入。父母应根据孩子的生长发育规律、年龄和活动量，选择相应的食品，如含蛋白质的瘦肉和豆类食品等，满足孩子消耗的能量。对于1岁以内的婴儿，要注重食品的多样性，以满足婴儿脑细胞和身体发育的需要。由于婴幼儿的消化能力尚未成熟，父母要注重建立合理的膳食制度。比如，两餐之间不超过4小时，避免暴饮暴食，造成能量过剩；针对婴儿肾功能较差的特点，汤、菜不宜过咸，防止钠摄入过多而伤肾，降低血管弹性。一般来说，断奶后的婴儿逐渐适应各种辅食后，可开始每天三餐两点的膳食制度，三岁以后为每天三餐一点。

其次，要为孩子创造舒适的就餐环境，不要在餐桌上训斥她，不要强迫她吃这吃那，这会加剧她对某些食物的反感，从而产生挑食、偏食甚至厌食行为。尽量采用孩子普遍感兴趣的食物烹调方式，制作色、香、味、形俱全的饭菜。如可采用不同的刀法，制成片、丝、块、卷等形状，配以带馅的面点和营养丰富的汤品，搭配出色彩鲜明的饭菜，这样容易调动婴儿的食欲。

最后，因季节变化，婴儿的食欲也会受到影响。父母要根据季节变化来进行调整，多给孩子吃当季食品，有助于孩子的营养吸收。比如，春季新鲜蔬菜较多，可选择小萝卜、菠菜等蔬菜，再配上一些豆制品、肉类、蛋类等含蛋白质的食品；夏季气温高、出汗多，饮食应以清淡为主，多选择能够补充体内水溶性维生素B、C的食物，特别要注意保持水盐平衡，多吃一些西瓜之类的水果，从而起到清热降暑的作用；秋季可多选一些肉、蛋、奶等高蛋白、高热能的食物，多吃一些薯类和根茎类的蔬菜等，以补充维生素A、D、E、K的吸收和利用。

适当的运动锻炼，让孩子更坚强

俗话说："生命在于运动。"运动能让人保持旺盛的精力，拥有健康的体魄。孩子刚出生的时候，很多身体机能并没有发育完全，为了帮助孩子身体的各项机能全面发展，父母应该让孩子养成运动的好习惯。如果孩子经常参加体育锻炼，不仅身体健康，还会对自己充满信心。

5岁的珍珍长得胖嘟嘟的，上幼儿园以来，同学都叫她"胖子""小胖"，有时还会捏她的肉肉玩。尽管同学并没有恶意，但是珍珍听多了还是产生了自卑感。她觉得自己太胖了不够可爱，经常会被同学嘲笑和欺负。就连夏天，她也要穿长衣服去学校，生怕别人发现自己太多的肉肉。

妈妈发现之后，开导珍珍说："我们要学会爱自己，也要爱自己的身体。"同时，妈妈还为珍珍制订了"瘦身计划"，每天晚饭后，就带着珍珍去跑步。到了周末，就带珍珍去学游泳。渐渐地，珍珍发现了运动的乐趣，每天晚饭后主动帮爸爸妈妈收拾碗筷，期待着和妈妈一起出去散步。

一段时间后，珍珍的"瘦身计划"成功了，她再也不会因为体形问题而感到自卑了。

从上面的案例可以看出，父母要根据孩子的特点组织生动有趣的体育活动，吸引孩子主动参与。只要孩子对运动产生了兴趣，就会真正热爱体育锻炼。

据统计，现在的儿童和青少年平均每天7个小时都在看电视、玩电脑、玩手机或其他电子设备。大部分的儿童户外运动时间为零，主要原因是父母不重视。对此，父母应当知道，缺乏运动会导致孩子出现超重和肥胖等一些健康问题，影响到孩子的一生。父母要注重培养孩子爱运动的好习惯。不过，需要注意以下几点：

❶ 要根据孩子的特点来设计适宜的运动量

开展体育活动，应根据孩子的年龄特点来设计，运动量要适宜。

在进行体育活动前，可和孩子做一些热身运动，来活动舒展四肢；活动中遵循由易到难、由弱到强、动静交替、循序渐进的原则；活动后再安排一些舒缓的律动或小游戏。这样使孩子在活动中的运动量由小到大再到小。

另外，有些人运动了很久都没有出汗，有些人一运动就追求运动到大汗淋漓。对于幼儿来说，运动后背后没有微汗或大汗淋漓，这都是运动量不适宜的表现。特别是在秋冬季，如果孩子的运动量过小，对她身体的刺激就会相应减弱，从而失去增强体质的作用；如果孩子的运动量过大，又很容易产生疲惫感，也不利于孩子的生长。所以要确保孩子的运动量适量，我们不仅要根据孩子的年龄特点，还要根据不同的季节，进行科学合理的安排。

❷ 父母参与陪伴，培养孩子的运动兴趣

有研究指出：幼儿期是幼儿生长发育的重要时期，父母应严格按照幼儿身心发展的规律，切勿以成人的思维，妄图一蹴而就、拔苗助长。因此，父母要根据孩子的兴趣和需要，创设一些适合她们年龄特点的体育游戏，培养孩子的体育兴趣。如三岁左右的女孩对动物的角色比较感兴趣，父母可以陪同孩子做角色扮演来激发孩子参与的热情。还可以从器材的外形、重量、大小以及器械使用的规则等方面来增加孩子的运动兴趣，例如高跷板、绕障碍物走等。通过不同的运动形式，使孩子在活动中保持运动的兴趣，从而确保运动量。

同时，父母要注重运动是否可以促进孩子的平衡力、动作协调、灵敏性等能力的发展。有些父母认为在运动中，只要女孩玩得开心、尽兴、安全就可以了，而淡化了体育活动的特性，这就等于丢失了运动的真正意义。

❸ 强调运动技能的同时，注重培养孩子的意志品质

在开展体育活动时，父母不仅要练习孩子的技能，还要在运动过程中注重培养孩子的规则意识以及不怕困难、团结友爱等一些良好的意志品质和活泼开朗的性格。

法国思想家伏尔泰说："生命在于运动！"因此，我们在开展体育活动时，应以一名参与者、支持者、引导者的身份，尽量为孩子创设宽松、自主的运动环境，让孩子在体育活动中能得到充分的运动，使体育活动成为让孩子拥有愉快情绪、强健体质、协调动作的源泉。

培养孩子勤劳的好习惯

卢梭说过："你想让孩子成为低能儿吗？办法只有一个——无休止地关心他。"学龄前的孩子正处在认识世界的年龄，也是喜欢自己动手的年龄，没有尝试，没有接触，就永远都是陌生的。如果孩子在生活中养成了惰性，那在学习中，她也会卖弄小聪明，进而对她的学习产生消极影响。

爱因斯坦说："勤奋是世界上一切成就的助产师。"明智的父母应该让孩子从小养成勤奋的好习惯。让她多动手，并不会累着她，反而可以让她在动手的过程中认识事物，也能体验到成长的快乐。

那么，父母应该怎么培养孩子勤奋的品质呢？

❶ 尊重孩子最初的独立性

3岁是孩子独立意识产生的最初年龄，此时，父母要尊重孩子的独立意识，适当地给孩子一些尝试的机会，让她自己解决问题，如自己收拾玩具等。如果孩子刚产生独立意识，父母就包办代替，使孩子对父母产生强烈的依赖心理，这种依赖发展到一定程度，就会使孩子形成懒惰的坏习惯。

下面是一位妈妈写的女儿成长日记：

女儿才3岁半，就有了独立意识。今天有亲戚过来，按门铃时，我刚准备去开门，她就急忙在一边喊："让我来开，让我来开！"个子矮矮的她够不着门铃，我把她抱了起来，给她演示了如何开门。她一边学着拿起电话，但她的手太小了没有抓紧，电话掉了，她知道自己做错了事，便不好意思地说："妈妈，电话掉了，不好意思。"

随着女儿逐渐长大，她的自主意识也越来越强烈。吃饭的时候她会说"让我自己吃"，喝水的时候她会说"让我自己倒水"，早上起床了她也争着说"让我自己穿衣服"。虽然她吃饭时弄得满地都是饭粒，倒水时会洒水，穿衣服时也会穿得一团糟，但我知道这是孩子成长的过程，也是女儿求知欲的表现。虽然她不一定能把一切都做得很好，但有了这些体验，她就会得到提高，也会成长。

如果父母包揽了孩子的一切，那么她就永远长不大。因此当孩子提出"自己来"的要求时，父母不如让孩子自己来，给孩子信任和鼓励，给孩子多点学习和成长的机会，让孩子把懒惰消灭在萌芽阶段。

❷ 对于孩子力所能及的事情，父母不要包办

孩子的成长不仅指身体上的成长，还有心理的成长和生活技能的提高。如果父母对孩子总是百般呵护、包办一切，那么孩子不仅成不了生活中的强者，还会成为父母的负担。

孩子需要成长的空间，父母一定要给她成长的机会，孩子能自己做的事情，父母不要代劳，让她自己去做。只有在一次又一次的尝试中，孩子才能收获成长的快乐，也能在一次次的动手中养成勤奋的好习惯。

❸ 多创造机会让娇气、懒惰的孩子得到锻炼

对于已经养成懒惰习惯的孩子，父母要及早地纠正，有意识地让孩子多动手。

以前，蓓蓓是一个非常懒惰的小女孩。在家里，妈妈非常勤快，从小到大，蓓蓓从未做过家务。在妈妈的全力照顾下，蓓蓓成了一个懒惰的小公主，什么事情都不愿动手，总是让妈妈代劳。

一次，妈妈的脚受伤了，行动不方便。吃晚饭的时候，蓓蓓喝完了汤，想要盛饭，就把碗递给了妈妈。妈妈说："蓓蓓，你自己去盛，好吗？妈妈的脚受伤了，行动不方便。"

没想到，蓓蓓立马就放下了碗筷，说："我不会盛，您不给我盛，我就不吃了。"

妈妈看着蓓蓓的样子，不由得叹息：唉，怪我平时总是把饭端到她面前，我动不了她就不吃了……妈妈也意识到自己以前包办得太多了。

"蓓蓓，很简单的，就像你自己吃饭一样，一勺一勺地盛到碗里就好。"在妈妈的鼓励下，蓓蓓终于愿意自己去盛饭。妈妈也意识到了以前包办的错误，便开始有意识地锻炼蓓蓓，鼓励她自己去动手。例如，蓓蓓的书包要自己整理，吃饭的时候蓓蓓要自己去盛饭等。

虽然刚开始，蓓蓓并不情愿做这些事情，但在妈妈的"狠心"下，她不得不自己去动手。父母可以借鉴蓓蓓妈妈的办法，及时意识到不良教育的后果，及时转变教育方式，有意识地提供机会锻炼孩子的动手能力。

总之，为了避免不良的教育方式使得"养女防老"变为"养女养到老"，家长一定要摒弃事事包办的教育方法，把孩子养成一个勤奋的好孩子。

第五章
培养孩子的交际能力很重要

　　孩子的人际交往能力深深地影响着孩子未来的成长与发展。如果孩子的人际交往能力得不到重视和锻炼，就会令孩子变得孤僻冷漠、自我封闭、缺乏安全感，从而陷入自卑的境地，这对孩子的成长极其不利。为了让孩子拥有快乐、幸福的生活，父母就应该有意识地培养孩子的人际交往能力。

鼓励害羞的孩子大胆交朋友

斯坦福大学的津巴多博士说："害羞是孩子们固有的个性之一，没有必要过分关注，或试图强制改变，但如果孩子过于害羞以至于不能和其他人相处，就会错失从中学习和得到快乐的机会。"

3岁的圆圆是一个内向害羞的小女孩。在幼儿园中，其他小朋友聚在一起讲自己的所见所闻，圆圆只安静地在一旁听；当小朋友开心地追逐嬉戏时，圆圆在秋千上安静地看着；当小朋友们从家里拿来玩具交换时，圆圆抱着她的布娃娃独自玩耍……

一回到家中，圆圆就恢复了乐观好玩的性格，和爸爸妈妈、爷爷奶奶有说有笑，而且非常调皮。妈妈很苦恼地说："你在家里就是一只小老虎，出了家门就变成了一只乖巧的小猫，怎么回事呢？"

案例中的圆圆为什么会有如此表现呢？很多细心的父母发现，孩子到了两三岁时，原本大方的孩子不见了，突然变得唯唯诺诺，不敢说话，甚至还要躲在父母的身后。家长会疑惑：孩子怎么不如小时候了，从小教她的礼貌也不见了呢？其实，是因为孩子进入了害羞期，她们的改变是正常的。

有研究表明，孩子的害羞期一般始于一岁半，进入2～3岁，随着自我意识的萌发与发展，就会出现害羞心理。由于这个年龄的孩子开始接触新环境、新朋友，自身可以分辨出陌生或者熟悉，因此出现害羞心理也是很正常的。容易害羞的孩子，通常会比较在意他人的眼光，担心自己的行为不被认同，从而产生自卑的心理。父母要了解孩子的心理特点，有针对性地进行引导，多鼓励女孩，让孩子充满自信，保持积极的心态，让害羞的孩子逐渐变得更加活泼开朗。

现代社会推崇"毛遂自荐"，要想自己这块"金子"被发现，就必须有勇气且能巧妙地把自己推销出去。可是，羞怯是女孩走向人群的一个阻力，如果孩子不能克服害羞的缺点，纵然有惊世之才，也可能被埋没。即使她很有才华，能歌善舞，但因为她的害羞，不好意思在他人面前表现，也等于零才华。

另外，害羞的女孩有一个很大的特点，即不善于和他人交流沟通，也不和外界交流，久而久之，孩子就会变得更加自闭，表现出内向、沉默、胆小等现象，这对孩子的性格和社交能力会产生消极的影响。

因此，当孩子表现得很害羞时，父母应该对其进行积极引导，帮她跨过害羞这道交际障碍。

❶ 设计情景，提高孩子的表现能力

害羞的孩子往往羞于在他人面前表现自己，因为她担心自己的表现被他人笑话，其实这是一种错误的思维方式。特别是在公共场合，孩子更不愿意表现自己，这样容易丧失很多进步和成功的机会，不利于孩子的发展。父母可以设计情景，让孩子先在亲朋好友面前或者小伙伴面前表演，得到身边人的肯定，孩子就有自信站在更多人的面前表演，如此一来，孩子不但可以展现个人的能力，还可以纠正害羞心理。

❷ 多鼓励孩子，给予孩子肯定

每个孩子都希望得到别人的肯定和表扬，胆怯的孩子更需要。

5岁的小小很害羞，一见到陌生人就会躲到妈妈的身后，不敢跟别人打招呼说话。有一次，小小和妈妈去逛街，看到对面街道有卖甘蔗的，小小想吃甘蔗，就跟妈妈说："妈妈，我想吃甘蔗。"

妈妈觉得这是锻炼小小的机会，便拿出钱对小小说："宝贝，你自己去买好吗？"

小小很不情愿，扭捏地说："不，妈妈陪我去。"

妈妈说："不行，你想吃，就自己去买。妈妈相信你可以做到。"

甘蔗的诱惑太大了，小小接过钱走了出去，可是没想到走到半路又折了回来，几乎要哭出来地说："不行，妈妈，您陪我一起去嘛。"

"宝贝，没事的，妈妈在这里一直看着你，你就过去说，'阿姨，我想买甘蔗'，给她钱，就可以啦。你可以的，妈妈相信你，去吧。"

在妈妈的鼓励下，小小果然买回了甘蔗。妈妈再次鼓励她说："宝贝，你太厉害了，可以独自去买东西啦。"

有了第一次尝试，小小慢慢就放开了自己，也勇于去尝试着与人交往，不再那么羞怯。

父母总是期待孩子能够自然大方地与陌生人打招呼，可这对于正处于害羞期的宝宝来说是一件特别困难的事情。父母不要强迫孩子去表现，也不要对孩子说"这孩子，没礼貌"或"怎么这么胆小，没出息"之类的话，父母可以像小小的妈妈一样，适当地鼓励孩子走出第一步。比如父母可以鼓励孩子说："我知道宝宝是个懂礼貌的好孩子，只是刚才有一点点害羞，不过没关系，下一次我们一起向他们打招呼，好不好？"当孩子鼓足勇气开始突破自我，例如很小声地向对方问好时，家长要及时给予肯定和表扬，这样可以激励孩子下次敢于大胆问好，主动进行社交活动。

❸ 支持孩子多交朋友

羞怯的孩子不善于交朋友，担心被别人瞧不起，或者担心被拒绝。父母应鼓励孩子多交朋友，首先与亲朋好友多接触，克服这种交往的恐惧心理，然后鼓励孩子在同学中交朋友。当孩子带着朋友到家里做客时，父母要表现出热情，别不当回事，以增加她的勇气。

教会孩子与人交往的 4 个妙招

小燕是个5岁的小女孩，尽管上幼儿园已经一年多了，但她还是无法适应幼儿园的生活。每天妈妈送她去幼儿园，她都要哭着闹着不愿意去。下课后，妈妈去接她时，她也是安静地一个人在一边玩，基本不与其他小伙伴玩。亲子活动时，其他孩子都高高兴兴地给家长表演唱歌、武术、跳舞，可是小燕怎么都不肯唱、不肯跳，只是安安静静地跟着妈妈。老师对小燕的评价是：很老实、听话，但很内向，不喜欢集体活动。

如果一个女孩不善于与人从容地交往，那么往往也感受不到生活的乐趣。就像小燕，因为无法融入幼儿园的生活中，也收获不到展示自我的乐趣，所以无法感受到与人交往的乐趣，甚至产生不愿意上幼儿园的倾向。这样缺乏人际交往能力的女孩，长大以后也难以与人沟通。她们不知道如何与人打交道，她们的内心孤独、寂寞，很难融入社会生活，也很难获得成功。相反，善于交往的女孩将会成长为一个积极乐观的人，她们懂得如何爱别人并得到别人的爱，拥有真挚的友谊。遇到不开心的事情时，她们会向同龄人求助，和他们交流经验，促进感情。人际交往可以帮助孩子形成协作精神，学会尊重别人，学会听取他人的意见和分享快乐，也能体验到竞争与互助、成功与失败、友谊的珍贵。

人是群居动物，孩子将来要走出家门，与形形色色的人打交道，所以及早培养孩子的社交能力，是父母的一项重要任务。那么父母应该怎么做呢？

❶ 接纳孩子的天性

"我女儿见到人就害羞，不知如何是好。""我女儿性格太敏感又大胆，一点事情就发脾气、闹矛盾，结果总是交不到朋友。"……很多父母经常抱怨孩子在与人交往中存在的问题，也总是想方设法地改变孩子与人交往的方式，以便让孩子交到更多的朋友，但效果并不明显。其实，有些孩子天生胆子大，活泼开朗，有些孩子比较谨慎，安静少语，这都是很正常的现象。父母应该接受孩子的天性，从孩子的天性出发，不要以成人的标准来要求孩子做她力所不能及的事情，这是引导孩子与人交往的最睿智的妙招。

❷ 鼓励孩子多交朋友

有些父母觉得孩子最重要的任务就是学习，认为孩子花一定的时间和精力去交朋友会影响学习，因此会阻止孩子交朋友。其实，学习方式不仅仅局限于课堂上所学的技能和知识，在与人交往中也能学到更多方面的知识。

父母应该鼓励孩子多交朋友，并且让孩子接近那些和自己志同道合以及具有优秀品质的孩子，这样不仅能让孩子体验到与人为伴的乐趣，而且对孩子的学习也有促进作用。当然，父母不能戴着"有色眼镜"看人，如看不起别的孩子且阻止孩子与其交往；更不能因为上一代的关系影响到下一代的交往，如A妈妈不能因为与B妈妈在工作上不合，就阻止A和B交朋友，这样不利于孩子以平常心去交朋友。

平时，父母可以多创造条件让孩子与同龄人接触，可以带她参加亲子活动，也可以让孩子适当地邀请其他小伙伴来家里玩耍。有些父母担心太多小朋友来家里会把家弄脏、弄乱，因此禁止孩子带朋友来家里做客，这是非常不开明的。

❸ 让女孩表现她最擅长的东西

有些孩子天性腼腆，性格内向，不善于表现自己，因此总是交不到朋友。对此，父母要用正确的方式引导孩子，让孩子表现出她最擅长的东西，帮她建立人际交往的自信心。

　　小玉是一个性格比较腼腆的女孩，不善于表现自我，也不善于与人交往，经常一个人活动。妈妈知道这样发展下去对她的成长不利，便想出一个办法，帮她交朋友。

　　妈妈知道，要想让小玉迈出第一步，首先要提高她的交往自信心，让她尝到与人交往的"好滋味"。于是，妈妈有意地带领小玉去小孩子比较多的地方，创造机会让她和小朋友交往。

　　小玉很小就开始学钢琴，弹得一手好钢琴，可是她一直不肯表现出来。于是一个周日，妈妈在家里办了一场音乐Party，邀请小玉的同学到家里来，组织小朋友表演自己擅长的节目。由于在自己的家里，小玉很放松，就给大家弹了一曲钢琴曲，小伙伴们听了觉得特别棒："小玉，你的钢琴弹得真好！""是啊，以前怎么没发现你弹得一手好钢琴呢？"表演结束后，小伙伴你一言我一语地说了起来，让小玉感到很高兴："我最喜欢弹钢琴了，以前我上过钢琴课，学了两年多，如果你们想学，以后我可以教你们。"

　　同学们因为小玉乐于助人而愿意和她交往了，小玉也因此提升了与人交往的自信心，逐渐开始喜欢和别人交朋友。

　　有时孩子不愿意迈出第一步，父母可以帮着孩子迈出，让她体会到交朋友的喜悦。

❹ 放手让孩子去尝试

有些父母觉得孩子应该是天生的交际能手，因此并不注重对孩子交际能力的培养。很多父母对孩子的事情采取包办形式，甚至因怕孩子受欺负而把孩子留在家里，无形中就剥夺了孩子与人交往的机会。

0~6岁期间是孩子性格的形成期，交际能力需要在这个时期逐渐培养起来。因此，父母一定要纠正错误的认识，创造机会，让孩子独自去尝试。比如，当她想吃雪糕时，不妨给她钱让她自己去买，这是锻炼女孩社交能力的一个重要起点。如果孩子拒绝，父母也不要妥协，直到孩子自己愿意去买。在做这些事情的过程中，孩子会发现并没有她想象中那么困难，她就不会产生社交恐惧了。

孩子之间的冲突，家长介入要缓行

有句话说"小孩子打架不记仇"，这恰恰说明了孩子不像成人那样较真，不会记仇。

3岁前的孩子由于语言表达能力有限，又缺乏正确的沟通经验，她们一起玩耍时，难免会发生冲突。打人、推人对孩子来说，是维护自身利益的一种条件反射，也是游戏的一部分。

学龄前儿童来的思维发展水平尚未成熟，仍然处于以自我为中心的阶段，只能站在自己的立场上，不能站到别人的角度去考虑问题，也不愿意认同和接纳别人的意见。因此，在孩子相互交往的过程中，经常会产生矛盾，甚至发生争吵和打斗。

在现实生活中，我们经常会看到这样的状况：前一秒两个小孩子还是"敌人"，下一秒就又成了"好朋友"。在孩子的世界里，不会因为利益冲突而记恨别人，只追求玩得开心和尽兴。

　　5岁的乐乐一次在幼儿园玩耍时，一转身和后面的男同学撞到了一起，把男同学的鼻子撞出了血。老师进行了紧急处理，乐乐也赶紧帮忙递纸巾。老师看没有什么大问题，就只给男孩的家长打电话解释了一下，并没告诉乐乐的妈妈。

　　第二天，妈妈去接乐乐放学，被撞男孩的姥姥找了过来，当着孩子的面就嚷了起来："把我们的孙子撞流血了，都不道歉。"还把孩子出鼻血时弄脏的衣服给拿了过来。

　　妈妈和乐乐赶忙向对方道了歉，妈妈还把被撞男孩的衣服洗了。可是，从那之后，男孩再也没跟乐乐说过话，总是离乐乐远远的。而乐乐也不主动去跟他说话，因为他的姥姥把乐乐吓坏了。

　　孩子之间的争吵和纠纷，也是学习与人交往的一种方式。如果孩子们之间始终维持着和谐相处，没有任何矛盾冲突，就缺少了锻炼处理矛盾的机会。而且，孩子们有自己的游戏"规则"，这些"规则"也许是成人无法理解的，但是父母还是应该尊重孩子，让孩子在游戏中用自己的行为、语言、方式与他人"谈判"，来达到自己的目的。

　　孩子之间的冲突是难免的，能够维持冲突之后的友好，是孩子们的本事。父母需要做的是，评估事情的性质之后，帮孩子从不良情绪中解脱出来，用正确的方式对孩子的行为进行指引。

那么父母具体应该怎么做呢？

第一，不管遇到什么情况，父母先要保持冷静。如果有孩子在打闹中受伤了，父母要先处理孩子的伤，安抚受伤的孩子，千万不能羞辱孩子，比如说"你看吧，叫你不要乱跑，你又不信""我说过了叫你不要跟××玩，你不听我的话，活该被打！"如果父母经常这样羞辱孩子，不仅会伤害孩子的自尊心，还会导致孩子形成心理阴影，甚至导致孩子孤僻，可能会患上社交恐惧或其他心理障碍。

第二，要关注孩子的情绪感受，而不是时间本身。对父母来说，也许刚刚发生的事情非常小，但是孩子还是觉得委屈，跑过来寻求安慰。此时，父母要先关注孩子觉得被欺负的委屈的情绪感受，而不是呵斥孩子让孩子马上停止哭泣和追问孩子到底怎么啦，被谁欺负了等问题，更不要看到孩子哭泣就二话不说地跑去训斥另外一个孩子。孩子的哭泣只是为了寻求父母的安慰和关注，如果父母过于重视事实的本身，而忽略孩子的情绪，很容易让孩子产生"我的感受不重要"的误解。而且，如果父母在没搞清楚事情之前就去训导另外一个孩子，不仅会伤害被教训的孩子，还会让求援的孩子形成依赖的心理，养成胆小怕事的性格。另外，会给其他小伙伴形成"一有事情就找大人来欺负他们"的感觉，从而排斥他，不利于孩子融入集体生活中。

第三，除了关注求援的孩子的情绪感受，也要关注其他孩子的情绪感受。一个巴掌拍不响，孩子之间的冲突往往都是双方造成的，父母不能偏袒其中的一方。即使是自己的孩子跟别人家的孩子起了冲突，也不能不分青红皂白就认为肯定是别人孩子的问题。孩子之间的冲突不需要大人去评判谁对谁错，孩子们的打闹也是他们的沟通方式，只要不受伤，父母就不需要过分介入，可以关注孩子的情绪并引导他们学会用语言表达自己的想法和感受。如果是特殊情况，比如，某个孩子专门欺负另外一个孩子，这就需要父母的介入了，可以去找孩子的父母谈谈，同时也要教会自己的孩子学会自我保护。

第四，如果孩子们没有受到很严重的伤，不需要特殊处理，那么父母唯一要做的事就是保持冷静，关注孩子的情绪，引导孩子自己去解决他们之间的冲突。很多时候，孩子吵架打架，本来没有什么大不了，过眼就忘了，可是一旦父母插手介入，就可能会把事情变得更糟。因为父母不管是帮谁说话，批评任何一方，都会让另一个孩子不满意。如果父母的表现过于激烈，还会吓到孩子，成为孩子社交的障碍。如果父母不介入孩子之间的冲突，孩子们也会在冲突中慢慢学会如何化解冲突，学会和谐地沟通和相处。

孩子们之间的冲突，父母不如放手让他们自己来解决和朋友之间的矛盾。

学会分享，让孩子从小不自私

对于2~3岁的孩子来说，不管发生什么事情，第一时间一般只会想到自己，不会为他人着想。由于幼儿的思维能力有限，难以理解事物之间的相互关系，先学会的是以自我为中心去认识事物，这是幼儿的思维特征。

如果父母任由孩子以这种思维方式发展下去，孩子就可能变成一个自私自利，不懂得与他人分享的人。在这个合作共享的社会，这种人是不受欢迎的，即使女孩未来有再大的能力，也难以施展。

有研究表明：3~6岁的孩子完全有能力做出帮助、合作、分享、安慰等亲社会行为，但孩子早期源于自发的亲社会行为是比较少的，很大一部分来自他人的要求。幼年时期女孩的分享行为很大程度上有赖于成年人的提醒、引导和及时强化。同时，家庭不恰当的教养方式，如过分娇宠溺爱，可能导致孩子利他行为更加欠缺。

自私行为是孩子成长过程中的一种不良心理和行为表现。幼儿心理学研究表明，幼儿的身心发展与年龄有很大的关联性，在幼儿自我意识形成和发展的最初阶段，其心理活动均单纯围绕自我出发，接触、了解与自己紧密相连的人和事，获取自己想要的一切东西，都是从满足自己的生理和安全等需要出发的。大约到了两三岁以后，随着孩子社会活动范围的扩大和交往经验的积累，才逐渐在主观上产生区别自我和他人的概念，才会客观地看待自己。如果孩子在心理发展早期缺乏正确的教育和引导，就很容易变得自私。

那么，爸爸妈妈该如何教育孩子呢？最简单的办法是，让孩子认识"世界上的一切事都要分担共享"的道理，并使其懂得应该经常关心他人。首先，家长不能让孩子以自我为中心的心理任其自流，不能对孩子采取"随便"的教养方式。家长还应懂得自私自利的孩子的性格是不稳定的，很难有较高的智商。家长要通过自己的言行教育孩子懂得共享为乐、独享为耻的道理，帮助孩子建立群体思想，鼓励孩子把自己心爱的玩具让给小朋友玩，把自己爱吃的东西分给小朋友吃，使孩子自私的行为逐渐减少，树立一个为大众着想的整体观念。

敏敏是一个五岁的小女孩。

有一次，敏敏的姨妈带着胖胖来敏敏家做客，妈妈和姨妈在厨房里做饭，敏敏和胖胖在客厅里看电视。两个人在一起不到几分钟，就因抢遥控器而打了起来，敏敏的力气没有胖胖的大，被压在沙发上不能动弹，声嘶力竭地哭了起来。妈妈和姨妈急忙从厨房里跑了出来，姨妈一看便冲过去把胖胖揪下来，顺手打了胖胖一巴掌，这下，胖胖也放开嗓子大哭起来。

一时间，两个孩子的哭声几乎要将屋顶掀翻了，妈妈和姨妈急忙安抚他们，待两个人都不哭了，妈妈问敏敏："你告诉妈妈是怎么回事？"敏敏委屈地说："他抢我遥控器。"胖胖反驳说："谁让你不给我看奥特曼！""这是我家的电视，我要看光头强！"敏敏也不甘示弱地大声回道。原来是一个要看奥特曼，一个要看光头强，为了抢遥控器，就打了起来。

"电视是我的，遥控器也是我的，你要看就回家看。"敏敏看到有妈妈撑腰，又理直气壮地加了一句。妈妈又好气又好笑，拿过遥控器说："电视机和遥控器都是爸爸妈妈的，不是你的，现在都还给我吧。"

敏敏没想到妈妈会这么说，愣住了。妈妈接着说："你是妈妈的女儿，胖胖是妈妈的外甥，你们都是妈妈的孩子，妈妈都爱你们。现在，你们商量一下怎么看电视，商量好了就一起看；没商量好，就谁都不许看。"

说完，妈妈和姨妈就回厨房继续忙了。过了一会，敏敏过来说："妈妈，我们商量好了，我看一集光头强，哥哥看一集奥特曼。"妈妈把遥控器给了敏敏，蹲下来对她说："敏敏，你要记住，不是所有的东西都是你的，也不是所有的人都能让着你。"

有教育家曾说：自私是从第一次独占开始的。父母总是想着把最好的留给孩子，本身是没有问题的，但一定要把孩子当作平等独立的个体对待，不要让孩子产生优越感和特权感，而要让孩子大方为人，无私做事。只有这样，才能培养出人格健康、懂得分享、心灵高尚的好孩子。

对于两三岁的孩子来说，"自私"是一个很正常的现象，因为这个阶段的孩子正在构建自我意识，在她们的意识中，只有"我的"，她们没有意识到别人也有"我的"这种观点，也不明白为什么要跟别人分享。而且她们尚未掌握"借"和"还"的概念，不知道"借"出去的东西还能完璧归赵，而是片面地认为东西一旦离开了自己，就意味着失去了。对于这一阶段的孩子，父母不妨先帮助她们认识"我的"，让她们确认什么是属于自己的之后，才能让她们逐渐意识到什么是他人的，进而将自己的与他人的物品分开。

分享意识的建立是一个漫长的过程，爸爸妈妈不能强迫孩子分享，否则会让孩子觉得分享是一件非常恐惧和痛苦的事。要让孩子知道分享是一件快乐且很享受的事情。一般孩子四岁以后，自然就能做到心甘情愿地分享了。

父母要积极引导孩子分享，建立分享意识。但在让孩子分享之前，家长一定要征求孩子的同意，不能为了显示大方而替孩子做主。如果孩子不同意，要尊重孩子的意愿，拒绝对方。不要因为孩子拒绝分享而给孩子贴上"自私""小气"的标签，而是要耐心地等待孩子在玩耍过程中，自发地产生分享与合作的意识。

第六章

每个女孩都能成为优雅的小公主

女孩不需要太漂亮，但内涵一定要丰富。缺少内涵，女孩的眼睛里会空洞无物，且是任何化妆品都无法掩饰的。只有气质，才是伴随女孩一生的宝贵特质。不要求如古代般"琴棋书画样样精通"，女孩只要拥有一样才艺，就可以给自己的人生添加不少色彩。气质需从小培养，这是气质女孩的重要砝码。

不扼杀孩子的好奇心，打造聪明女孩

　　幼儿就像一张白纸，几乎所有的事物在她们眼中都是新奇的，因为"不知道"而产生好奇心，也因"想知道"而促发求知欲。父母应该保护幼儿的好奇心，并且充分地发掘这份宝贵的好奇心。

　　好奇心是孩子创造力的表现，很多天才发明往往都来源于好奇心。大人们习以为常的事物，可能在小孩的眼里就是一个新奇的东西，对于小孩子的奇思妙想，父母不能忽视其中的潜能。保护孩子的好奇心，就是保护孩子未来的幸福。

　　好奇心是孩子智力发展的动力。因为好奇，孩子会不断地接触新的事物，从而变得聪明，也会因为敢于向新事物挑战而走向成熟。如果父母旨在培养一个听话乖巧的孩子，就会扼杀孩子的好奇心，束缚孩子向前进的手脚，结果是事倍功半，得不偿失。

　　试想一下，如果孩子对什么都不感兴趣，对什么都无所谓，那么孩子还会需求什么呢?

小雪5岁生日那天,阿姨送给她一个布娃娃作为生日礼物。第二天,她突然心血来潮地想看看布娃娃里面是什么样的,于是,她拿起剪刀,把娃娃拆开,正准备研究时,被妈妈发现了。

妈妈看着满地的棉花,惊呆了,忙问:"小雪,你在干什么呢?"

小雪抬起头,答道:"妈妈,我想看看娃娃的肚子里是什么样子的。"

"那你看到了是什么样子了吗?"

"全都是棉花。"

"那是肯定啦,你不要看这些棉花软绵绵的,但用布把它们缝起来,它们就可以撑起一个布娃娃。但是如果我们把布娃娃的线拆开了,它们就散出来啦,布娃娃也不再是布娃娃,而是变成了一块布啦。"妈妈耐心地解释道。

"那怎么办,妈妈,我还是希望布娃娃好好的,那可是阿姨送给我的礼物。"小雪急忙说。

"别着急,宝贝,只要我们把这些棉花重新装进去,用针线把它们固定到布娃娃里,就又可以是布娃娃啦。"

说完,妈妈便拿来针线,一边教小雪做手工,一边给小雪讲关于手工的知识。

面对小雪的破坏性行为，妈妈并没有指责她，而是教她做手工，提升小雪的动手能力，还普及了手工知识。这不但可以保护小雪的好奇心，还可以增长小雪的知识。

相反，如果父母只看到孩子的破坏力，强制性地扼杀她的好奇心，她就不会再主动地探索新鲜事物，自然就会失去学习新知识的机会。比如，孩子喜欢玩冰，经常把水放到冰箱里冻成冰，再拿出来玩。如果父母阻止了她，她恐怕就很难知道冰是怎么来的，也很难知道冰遇到热就会融化。即使我们拿出书本给她读了很多遍冰的原理，她也只是停留在了解知识的层面，无法直接观察到冰的形成和融化……因此，父母要注重保护并挖掘孩子的好奇心，增强她的求知欲，让她在探求新知识的过程中体会到乐趣，进而将她培养成一个聪明的女孩。

对于孩子的"为什么"，父母不用急于告诉她答案，可以启发她通过思考、探索来寻找答案。如果父母并不知道答案，可以跟孩子实话实说，和她一起去寻找答案。也许有些答案是不存在的，但在寻找的过程中，可以发现并了解其他方面的知识。

❶ 尝试着让孩子在大自然中寻找答案

大自然是一个丰富多彩的世界，也是孩子好奇心的始源。例如，孩子看到树上的叶子黄了，就会问家长："为什么树上的叶子变黄了？"如果家长直接回答："秋天到了叶子就变黄了。"这样的答案可能会打消孩子的好奇心和积极性，她虽然知道了答案，但是并不是很了解，也没有往下探索，好奇心就得不到充分的满足，这样孩子就不能完全理解。父母要尝试让孩子自己去探索、去学习，引导孩子去找一个答案，辅助孩子去查询，在查询过程中就会有意想不到的收获，不断地扩大知识面，印象也会更加深刻。

❷ 不要以成人的思维约束孩子

由于年幼的孩子认知有限，可能会产生一些奇怪的、超乎成人逻辑的设想，此时父母切忌以成人的思维方式来束缚孩子的想象力。有这样一个小故事：

在一个雷雨交加的下午，放学很久了，小女孩还没回到家，妈妈担心地沿着去学校的路去找孩子，在半路上遇到了小女孩，每一次闪电，她都对着天空露出了一个灿烂的笑容。妈妈很不解地问孩子："宝贝，你在干什么呀？"女孩说："妈妈，天空在给我拍照，我要摆出最好的姿势。"

也许你会觉得故事中小女孩的想法不可思议，但作为父母，不必强调说"那是闪电，不是照相机，它很危险"，我们不应把成人的焦虑强加给孩子。

❸ 在满足孩子好奇心的同时，锻炼孩子的生活能力

好奇心强的孩子多半有着超乎常人的动手欲望，而由于孩子的动手能力有限，导致动手能力变成了破坏力。很多父母只看到孩子的破坏力，就阻止孩子动手，从而扼杀了孩子的好奇心。例如，2岁不到的孩子一定要拿着电视遥控器当玩具，这里敲敲，那里打打，如果阻止她，她就大哭大闹；或者还够不着水池，就自告奋勇地非要帮妈妈洗碗。与其担心她们的破坏力，不如教给她们使用工具的方法。只要父母因势利导，就能锻炼孩子的生活能力，让她在探索活动中积累基本的经验，从而变得更有自信。

❹ 谨防孩子因好奇心做出危险的事情

培养孩子的好奇心，要从安全的角度出发，因为孩子年龄尚小，她们分不清什么物品是有危险的。父母要禁止孩子玩弄危险品，明确地告诉她哪些物品是有危险的。同时，父母要把危险品放到孩子看不到、摸不着的地方，例如药品、刀子等，这些是万万不能让孩子触碰的。不过，父母也不能太小心翼翼，过分地注重安全问题而什么都拒绝让孩子接触，否则会扼杀了孩子的好奇心。

对此，父母不妨采用一些巧妙的方式，比如，可以为她准备一个儿童专用安全剪刀，并教她正确的使用方法；当她对某些事物产生好奇心时，不妨陪伴她一起探索，这样既促进了亲子关系，又满足了孩子的好奇心。

用艺术培养孩子的灵动性

如今，很多家长都希望自己的小公主从小就能掌握一门才艺，不管是音乐、舞蹈还是绘画，即使不要求孩子一定能成为音乐家、舞蹈家、画家等艺术家，至少也可以丰富孩子的业余生活，提升孩子的生活质量。

一位妈妈说："我妈妈做过最错的一件事就是小时候没有让我去学舞蹈，我现在一点舞蹈细胞都没有。我女儿今年4岁，我给她报了舞蹈班和绘画班，有空带她去学舞蹈，参观画展，希望她长大以后多一项可以展示自己的技能，也可以培养她的气质。"

女孩经常接受音乐、舞蹈、绘画的熏陶，可以提高她对情感的感悟和体验能力，而且还可以陶冶情操，从而提升气质和涵养。

不过，爸爸妈妈都需要明白，鼓励孩子学习音乐、舞蹈、绘画等才艺，需要以她的兴趣为前提，尊重她的意愿和想法，千万别让她带着情绪去学习这些才艺，否则效果将适得其反。只有女孩自愿去接受，她才能真正地获得快乐，也才能在艺术氛围的熏陶下变得更有气质。那么，父母应该怎么做呢？

❶ 让孩子从小接受良好的音乐熏陶

音乐感很强的女孩，身上都有一种灵动的气质，这来源于她从小接受了良好的音乐熏陶。有些父母很烦恼：为什么别人家的孩子小小年纪就有那么强的乐感，而自家的孩子却没有什么音乐细胞，唱歌还跑调？其实，这与孩子从小接触的音乐氛围有关。

如果一个孩子从小生活在一个良好的音乐氛围中，她的节奏感和乐感就可以得到很大的提升。因此，父母可以根据孩子正在做的事情而播放不一样的音乐，让孩子一天都浸泡在音乐之中。

当然，在给孩子播放音乐时一定要有所选择，如古典音乐和儿童歌曲就不错。而重金属音乐、节奏感太强烈的摇滚、令人心思迷乱的音乐，都不适合让孩子听，因为这些音乐不但不会培养孩子的气质，反而会扰乱孩子平静的情绪。

❷ 挖掘女孩的舞蹈天赋

有研究发现：当孩子还处于婴儿时期时，孩子会随着音乐节拍和旋律舞动。每个孩子都是一个舞者，这就是为什么不管多小的孩子一听到音乐，都会跟着音乐的节奏高兴地扭动起来。

舞蹈可以塑造女孩的优美形体，使女孩的形态动作更加协调，增强肢体灵动性，也可以培养女孩的审美情感。一个长期跳舞的女孩，她的举手投足中都能散发出一股活力和优美的气质，令人赏心悦目。

当孩子随着音乐起舞时，爸爸妈妈要及时鼓励和引导，激发孩子想跳舞的强烈兴趣；如果孩子没有天生的舞蹈天赋，爸爸妈妈可以让孩子多看一些舞蹈表演，让她感受舞蹈展现出来的美。如果孩子实在没兴趣跳舞，父母也不要强硬要求。

❸ 帮助孩子顺利度过"绘画敏感期"

3～6岁期间，孩子刚刚会执笔，就要经历一个"绘画敏感期"，在这期间，孩子喜欢乱涂乱画，随心所欲。面对这种情况，爸爸妈妈要给孩子创造一个自由画画的氛围，给予孩子适当的指导。父母可以买一些绘画的书籍给孩子临摹，也可以在带孩子出去玩时，引导孩子发现自然的美。如果孩子确实有绘画兴趣和天赋，可以给孩子报一个绘画兴趣班，让她接受正规的学习。

从小注重孩子的形象塑造

形象是一个人的外表和容貌，也是一个人内在品质、素养、生活观念等的外在表现，即反映一个人内在修养的窗口。良好的形象，不仅可以赢得他人的好感，还会对自己的言行起到约束作用。

形象包括吃、穿、行、坐、站、言、笑等，树立好形象看起来很简单，但其实并不容易，因为它贯穿生活中的每一个细节，比如，平时的穿衣打扮，与人交往的肢体语言，吃饭的基本礼仪，说话的神情手势，走路姿态，等等。因此，要想培养孩子良好的形象，父母要从小事做起，多观察、多留意孩子的言行举止，一旦发现有损于形象的行为，就要耐心教导，督促孩子注意自己的形象。那么，在生活中，父母具体要怎么做呢？

❶ 培养孩子使用文明用语的好习惯

在与人交往中，父母要帮助孩子养成使用文明用语的好习惯，比如经常说"谢谢""您好""对不起""请"等，这不仅可以规范孩子的交际用词，避免说话用词不当引起冲突，还可以提升孩子的言语形象。另外，父母还要告诉孩子，啰唆重复和沉默寡言都是不礼貌的，也是不受人欢迎的，要改掉这些坏习惯。

❷ 告诉孩子穿衣要大方得体

在孩子的穿衣打扮上，一定要符合自己的身份、年龄特点，颜色和样式也要合理搭配，衣服太奢华或太不搭调都不好。从孩子小时候开始，父母就不要把她打扮得太花哨，而是让她保持大方、得体、整洁的穿着。当女孩长大之后，有了自己的穿衣风格，父母要在尊重她的基础上给予正确的指导，让她明白穿衣打扮不要求华丽，但一定要得体、整洁、舒适。正如儒家经典《弟子规》中所说的："衣贵洁，不贵华，上循分，下称家。"这样一来，女孩就会时刻注重自己的穿着是否符合《弟子规》的标准，自然就会展现出恰到好处的仪表美了。

"书香气"让孩子散发知性气质

当今社会，衡量一个女孩靠的不仅是外表，更重要的是她的气质和涵养。要培养一个女孩的知性气质，博览群书是一个非常重要的手段。"腹有诗书气自华"，一个女孩读书读多了，身上自然多了一股"书香味"。这让女孩不需刻意装扮，也会由里到外散发出知性气质。

著名作家余秋雨说过："在孩子们还不具备对古诗文经典的充分理解力的时候，就把经典交给他们，乍一看莽撞，实际上是文明传承的绝佳措施。幼小的心灵纯净空阔，由经典奠基可以激发起他们一生对文化的向往。"也许孩童不懂古代先哲的思想，但从小接触经典，这给他们的生活习惯和发展奠定了基础。孩子博览群书，把书籍作为精神的伴侣，不仅可以让自己积累更丰富的知识，体验更丰富的情感，还可以增长见识和陶冶情操。因此，父母应该引导孩子从小就博览群书，养成阅读的好习惯，让孩子在喧嚣中守住内心的那份宁静，成长为一位品位出众、气质非凡的优秀女性。

❶ 阅读没有最佳时间，让女孩从小与书为伴

在一个座谈会上，一位妈妈问专家什么时候开始教女孩阅读最好，专家问："你家女儿多大了？"妈妈回答："五岁。"专家说："赶紧回家吧，你的女儿已经浪费了五年时间。"

专家的话实际上是告诉这位妈妈，越早培养孩子的阅读习惯越好，根本没有什么所谓的"最佳时间"。

有人疑问了："孩子都不识字，怎么能阅读呢？"当然可以，不过需要爸爸妈妈的帮助。

当孩子还在妈妈肚子里时，爸爸妈妈隔着肚皮给孩子讲故事，这是孩子最初的"阅读"。

孩子0～3岁时，这个"读"的任务还是爸爸妈妈，孩子是一个听众。也许孩子还听不懂，但在固定时间阅读，对孩子以后养成阅读习惯有很大的帮助。

孩子3岁以后，爸爸妈妈可以尝试着用手指着文字读，同时让孩子看着上面的图片和文字，要尽可能读得声情并茂，以引起孩子的注意。有时可以一家人扮演故事中的角色，增加读书的乐趣。

除了阅读以外，爸爸妈妈可以引导孩子给故事增加一个结尾，或者发挥自己的想象能力将故事编下去。这样一来，不仅可以提高孩子的想象力，还能锻炼孩子的表达和组织能力，为以后孩子的写作水平打下良好的基础。当然，一开始，孩子可能只能简单地说几句，爸爸妈妈也不要因此而嘲笑她，可以加大孩子的阅读量，不断地鼓励孩子，让孩子的故事越编越长，越编越精彩，也可将孩子编出来的故事记下来，这是对孩子莫大的鼓励。

经过积累，孩子到了五六岁的时候，就能自己阅读一些简单的图画书。此时，爸爸妈妈可以试着放手让孩子自己去阅读。当孩子遇到不认识的字，家长再进一步地指引，教会孩子查字典，让孩子学着独立去阅读。

❷ 给孩子创造一个书香萦绕的环境

英国当代著名青少年文学大师艾登·钱伯斯说："阅读总是需要场所的。"给孩子创造一个适合阅读的环境，对孩子的阅读习惯和兴趣的培养有着特别重要的作用。不管这个阅读场所是在床上、沙发上、地毯上还是在书桌前等，都得是一个自由的、不受干扰的空间。

在这个空间里，可以摆放孩子喜欢的读物，让孩子享受阅读的自在和快乐。一方书柜是营造一个良好阅读场所的不错选择，然而，随着房价的上升，住房空间的缩小，有些家长省去了书架的空间，这很容易削弱孩子的阅读兴趣。父母想要给孩子一个好的生活场所，不如给女孩一方书柜，这个书柜不需要很大，也不需要装饰得多华丽，简简单单地能摆放一些孩子的读物就好。在这样的阅读场所中阅读，可以让孩子对阅读的兴趣更持久、阅读时变得更专注。

有调查显示，14%的家庭每天亲子共读时间在1小时以上，65%保持半小时左右，17%只有15分钟左右，4%的家长很少陪伴孩子读书。对于幼儿来说，家长陪伴阅读是至关重要的。如果家长只在电视前看电视剧或在电脑前打游戏，却要求孩子自己阅读，孩子很难安下心来读书。因此，父母要做好自己，关掉电视，关掉电脑，停下来陪孩子阅读，为孩子创造良好的读书环境，营造轻松、有趣的阅读氛围。

❸ 强迫阅读，不如让女孩爱上读书

如果孩子不喜欢读书，父母即便强迫，孩子也不会聚精会神地阅读，往往翻完了一本书还是一个字都读不进去，这跟不读没什么两样。强迫阅读不是一个好办法，父母不如引导孩子阅读，激发孩子的阅读兴趣，让孩子爱上读书，自然会自觉自发地去阅读。

5岁的小莲很喜欢问"为什么"，但她不喜欢读书。任凭爸爸妈妈怎么引导，她都不肯去看书，连图画书也不愿意看。

有一次，小莲又问妈妈："妈妈，恐龙是什么时候灭绝的呀？"

妈妈停下了手边的活儿，跟小莲说："这个呀，我也不清楚。要不，我们一起去找答案？"

小莲好奇地问妈妈："我们去哪里找答案呢？"

妈妈从书柜上拿下儿童版的《十万个为什么》，放在小莲的面前，说："听说这里会有答案哟，我们一起找找看。"

小莲乖巧地坐在妈妈的旁边，妈妈一边翻一边读，小莲听到妈妈读到了恐龙灭绝的片段，高兴地说："哇，这书里竟然有这些。"

妈妈说："是呀，这里有各种恐龙，剑龙、飞龙……你要看吗？"

"要，可是我不认识字。"

"没关系，妈妈一边给你读，你一边认，以后你就可以自己看关于恐龙的书，了解更多恐龙的知识了。"

小莲高兴地说："好啊，我想知道很多很多恐龙。"

于是，每天晚饭后，小莲就自己拿出书来，等着妈妈收拾好后给她读书。

如果孩子不爱读书，父母不妨结合她的具体情况，想一些切实可行的方法，如陪伴她读书、多带她去图书馆、陪她去读书交流会等，在生活中潜移默化地激发出孩子的读书兴趣。

培养孩子心灵上的富足感

培养一个内心富足的孩子，最好的阶段是6岁以前，因为0～6岁是孩子人格形成的关键时期，经过这一阶段的成长，孩子的人格基本形成。

有些家长认为，培养孩子心灵上的富足感，就是给孩子提供富裕的物质条件，让孩子住高档别墅，穿高档衣服，出入高档场所。其实不然，只有富裕的物质条件并不能培养出心灵富足的女孩，还需要为她提供一个充满爱、积极向上的富有文化色彩的成长环境，这种环境需要良好的文化环境、温馨的情感环境以及舒适的物质环境。在这种环境下成长的女孩，身上所具备的正能量也会远远大于负能量。

琪琪是家中的独生女，爸爸妈妈都是普通的工人，家庭经济不是十分富裕，但她的生活过得很充实。

在其他同龄人的家长高举着"不能输在起跑线上"的牌子带着孩子到处上兴趣班时，爸爸妈妈并不太在意，他们认为培养女孩心灵上的富足感才是最重要的，女儿以后考试得多少分也并不重要，重要的是让女儿学到有意义的东西。因此，爸爸妈妈对琪琪的兴趣爱好很尊重。琪琪喜欢画画，妈妈尊重她的意见，就给她报了一个绘画班，生日时送她一套绘画工具。琪琪喜欢读英语，爸爸有空就带她去参加英语角，让她面对面地与外国朋友交流，提高她的英语水平。

在这种宽松、自由的家庭环境中成长，琪琪感到非常快乐。

家庭环境对女孩的成长影响非常大，一个婴儿呱呱坠地来到世上，就像一张白纸，家庭是她最初的画笔，她生活在一个什么样的家庭环境之中，就会被造就成什么样的人。父母要认识心灵富足的真正含义，也应该知道家庭环境对女孩富足感培养的重要意义。

在教育方面，家人之间会产生一些分歧。比如，妈妈想让女儿去学舞蹈，爸爸却想让女儿去学画画；妈妈觉得要让女儿独立一点，但奶奶处处纵容孙女，于是矛盾就产生了。这种矛盾必然会让家庭变得不和谐，孩子对宠爱、娇惯很受用，所以她就会去亲近宠爱她的一方，而疏远对她严格的一方。

相反，如果无论遇到什么事，一家人都能彼此商量着决定，就能给孩子一个温馨、健康、和睦的家庭氛围。尤其在孩子的培养问题上，父母可以先听听女儿自己的想法，然后再想教育她的方法以及为什么要这样做。如此，父母可以了解孩子的内心需求，孩子也能体会父母的苦心。即使产生分歧，也要让孩子时刻感觉到自己生活在一个公平、温馨、有安全感的家庭中，孩子也容易接受父母对她的教育，心灵得到满足，身心发育也会更健康。

另外，父母还要注意以下几点：

❶ 尊重孩子的爱好

试想一下，如果你正在从事一项你不喜欢的工作，你会不会感到很煎熬？同理，如果孩子被要求做她不喜欢做的事情，她也一样很煎熬。当父母要求孩子做一件事情的时候，先问问这件事情是不是女孩喜欢做的，能给孩子带来心灵上的富足吗？如果回答是否定的，父母就没必要要求孩子做这件事情。

❷ 重视日常生活中的小仪式

仪式感，是对精致生活的用心表达。过生日时精心地准备生日礼物，每一年拍一张全家福，每个纪念日有着不同的意义……这些看似烦琐、矫情、毫无用处的"仪式"，对女孩的成长尤为重要。可是，随着生活节奏的加快，有些父母忙于工作或其他事情，觉得生活中的小仪式可有可无，慢慢地削弱了孩子的仪式感，使她们在生活中没有了惊喜，没有了期待，没有了满足感。当然，仪式感并不是物质上的仪式感，而是让她拥有幸福生活的能力。小到一个礼物，大到一个生日派对，这些仪式的存在，能让孩子的童年生活闪耀出温暖动人的光芒，让她记住生活中很多温馨美好的时刻。

5岁的梦梦的妈妈很重视满足梦梦心灵上的富足感，也很重视生活中的小仪式。

每一年梦梦过生日，妈妈都会精心给梦梦准备生日礼物，把梦梦打扮得漂漂亮亮的，一家人出去游玩，满足梦梦的小愿望。每一年爸爸过生日，妈妈也会引导梦梦，和梦梦一起给爸爸准备生日礼物，给爸爸惊喜，培育梦梦的孝心。爸爸妈妈的结婚纪念日，也会邀请梦梦一起纪念，让梦梦感受爸爸妈妈的爱情。

在一次又一次的仪式中，孩子得到了感情的培育，这有助于亲子感情和家庭感情的培养。不需要很奢侈的消费，一个简单的仪式，承载着父母温柔而坚定的爱，孩子也能从这些仪式当中感触到父母深深的爱。

让孩子在大自然中释放天性

芭比娃娃和花裙子再美丽，也无法和大自然的美景相比。

随着生活水平的提高，孩子的业余生活逐渐被各种兴趣班填满，或者孩子会沉浸在电视机和游戏机当中，而父母只是一味溺爱，天热了怕孩子热着，天冷了怕孩子冻着，有时即使出了门，也是去一些游乐场啊，海底世界啊，电影院之类的场所，孩子接触到的都是现代化的高科技，却很少有机会进行户外活动。

有位哲学家说："一个人生活的广度决定了他的优秀程度。"让孩子从小接触大自然，对孩子的一生都会有影响。大自然对孩子来说是最好的教科书，也是最好的游乐场。在这样一个广阔的田地里，孩子可以随心所欲地玩耍。在阳光下，她会感到自由自在，心智得到发展。一朵花，一棵树，一个果子，一只鸟，一条小径，一个旅行者和他带来的故事，这些都可以启发孩子的好奇心，锻炼她的注意力，激发她的创造思维，培养她的情商。

一个春天的周末，小欧一家人去踏青。

爸爸开车，妈妈说："宝贝，你看车的左边，我看车的右边，我们来找找春天的影子，看谁发现得多，好吗？"

"好。"小欧兴奋地答应着。

"我这边的柳条绿了。"小欧抢先说。

"我这边只有一堆枯树枝，还是冬天的样子。"妈妈假装扫兴地说。

"嘿嘿。"小欧幸灾乐祸地笑着。

"我这边有好大一片麦田，一直绿到很远的地方。"妈妈故意气她。

"哎呀，我这边只有一堆破房子！"小欧开始抱怨。

"我这儿有油菜花了，好漂亮呀！"小欧拍着小手叫着，"太阳在我这边，照在麦苗上亮闪闪的，您那边的绿色不亮！"

车子向前行驶着，窗外的景色不断变换，妈妈和小欧一会儿兴奋一会儿遗憾地说着。小欧忽然说："妈妈，有好就有坏，好事能变成坏事，坏事也能变成好事，不能太高兴了，您看，太高兴了就变成破房子了。"

听着小欧说出这些话，妈妈吃了一惊，女儿竟然从这件事上悟出这么朴素的哲学道理，这不正是平时所说的"乐极生悲""祸兮福所倚，福兮祸之所伏"吗？没想到在大自然中能够教给女儿那么多的东西。

读万卷书，行万里路。大自然对一个人的知识储备、审美趣味和情商发展有重要意义。很多教育专家建议父母将亲子教育延续到"在路上"。在大自然中，父母陪伴孩子一起发现，这里不一样，那里一样，这个地方有什么好，那个地方有什么不好，孩子在观察环境的变化中可以受益匪浅，而这种教育只有大自然能给予，是父母无法取代的。

有这样一个笑话：一个在大城市中长大的女孩，有一次她的朋友邀请她去农村一起摘花生，她问朋友："花生树高吗，怎么爬上去？"这也许是一个笑话，也许是真实的故事，很多在城市中长大的孩子，很少接触大自然，对于平时常常吃的蔬菜、水果到底是怎么生长的，根本不知道。

有人说"最好的教育来源于大自然"所以父母应多带孩子到大自然中走走，以增长知识，愉悦心情。

❶ 在大自然中学习知识

父母带孩子去接触大自然，可以借这个机会教孩子认识植物的种类和样子，给她们讲解平时吃的蔬菜、水果是怎么生长的。甚至地上的虫子，也可以教孩子认识哪些是害虫，哪些是益虫。

年龄大一些的孩子，可以带她们写生，通过自己的视角发现大自然的美，截取一方景色，画出属于自己心中的美景。即使画得不那么逼真，对孩子来说也是一种成长。当看到一些有型的叶子，可以摘下来带回家，指导孩子做成标本或者做成创意画，从而提升孩子的创造力。

❷ 在大自然中培养道德品质

当父母带孩子去野外玩耍时，难免会带上一些零食，然而，零食袋子、纸巾等一些垃圾的处理，父母要做好示范，坚决不能乱扔垃圾。如果孩子乱扔垃圾，父母要及时制止并教给孩子正确的处理方式，提升道德教育。

❸ 在大自然中培养性格

走入大自然，以前只能在电视或书本上看到的东西，真实地摆放到了孩子的面前，这种近距离的接触让她更加兴奋。电视剧《虎妈猫爸》中有一个情节，妈妈为了让女儿赢在起跑线上，可谓用尽各种招数，最后孩子得了忧郁症。为了治疗女儿的病，妈妈放弃了工作，开办了一个无公害蔬菜水果基地，通过大自然拯救了女儿。

在很多家庭中，只有一个孩子，孩子每天接触到的只有爸爸妈妈，与同龄人的接触基本为零。而带孩子到大自然中，让孩子们一起玩耍，可以教孩子们互相帮助和相互谅解，活泼的孩子会带动内向的孩子，内向的孩子也会开朗起来。

第七章
让孩子做情绪的主人

情绪，是人在生理上对外界事物的评价和体验，人的情绪包括喜、怒、忧、思、恐、惊、悲7种。一般来说，女孩的情绪反应比男孩更为强烈，更容易出现情绪或行为失控。因此，父母应当培养孩子成为情绪的掌控者，这样她才能利用好情绪中的积极作用，控制不良情绪的蔓延。

用肢体语言平复孩子的情绪

美国语言学家艾伯特·梅瑞斌通过研究发现：在人与人的沟通中，语言仅仅起到7%的作用，而其余的93%都是通过肢体语言来进行的。由此可见，非语言沟通占据着极其重要的位置，尤其是当孩子情绪不好时，她更容易从父母的表情和动作的微妙变化中判断出他们的想法和态度。

3岁的心心像男孩子一样，喜欢乱跑乱跳，总是一不小心就会摔倒。每次摔倒，妈妈都很生气，一边帮她擦药，一边苦口婆心地教导她不要乱跑，可是并没有什么效果。

有一天，心心又在客厅里面乱跑着玩，一不小心，又被鞋子给绊倒了。心心痛得哭了起来，妈妈瞬间就生气了，一边把她从地上拉起来，一边不停地开始说心心的不是。此时，爸爸正好从外面回来，他把心心抱过来，关爱地安抚心心，查看心心有没有伤到哪里，拿过药箱帮心心涂药，等到心心的情绪稳定下来，才教导心心说："宝贝，乱跑乱跳会摔伤自己的，你看你一身的瘀青，多痛呀。看着宝贝摔成这样，爸爸妈妈都很心疼你呢。"

从此以后，心心终于明白是因为自己乱跑乱跳导致经常摔倒，从此变成了一个小淑女模样，不再经常乱跑乱跳了。

为了不让女儿乱跑摔伤自己，妈妈因为爱女心切，直接采用了语言沟通，但效果并不理想；而爸爸面对痛哭的女儿，先用肢体语言平复女儿的情绪，再通过语言沟通。等女儿的情绪稳定了，自然听得进爸爸的叮嘱。

因此，当孩子情绪不好时，父母也可以采用非语言方式和女孩沟通，以达到沟通效果。那么，要注意哪些事项呢？

第一，父母的语言和行动要保持一致。否则会让孩子不知所措，甚至影响孩子对父母的信任。比如，孩子情绪很低落地向父母寻求安慰，父母跟孩子说"没事的没事的""爸爸妈妈爱你"，但同时却做出"面无表情""把女孩推开"等敷衍、不耐烦的动作，这会让安抚作用大打折扣。当孩子出现不良情绪乱发脾气时，如果父母一边批评"怎么可以这样做呢"，一边笑嘻嘻地抚摸孩子的头，女孩就会无法认识到自己对待不良情绪的态度，甚至认为父母认可自己这种乱发脾气的行为。对于年幼的孩子来说，当语言和行为表达的意思不一致时，肢体语言的影响往往更大。

第二，适时地用眼神交流。在人的面部表情中，眼神是最能够表达喜怒哀乐的，正所谓"眼睛是心灵的窗户"。父母的眼睛更应该是会说话的，当孩子产生不良情绪时，要让孩子在爸爸妈妈的眼神中找到答案、体会情感。

比如，当孩子的行为不为赞许时，父母可以用严肃的眼神制止孩子的行为，帮助孩子养成良好的习惯。而且，严肃地注视孩子比口头批评更能够维护孩子的自尊，孩子也会比较自觉地接受、改正。

另外，当孩子遇到困难、畏缩不前时，父母激励的眼神能带给孩子很大的鼓舞。

第三，恰当的手势语能加强语言的影响力。在沟通过程中，手势语是口头语言的延伸，对语言的表达起到补充和强调作用。手势的运用要想让年幼的孩子接受、理解，就要明确、精炼、自然、活泼。例如，竖起大拇指表示对孩子行为的肯定和赞赏；竖起食指靠近嘴表示"请安静"；一个"OK"的手势表示允许孩子做某件事情；在安慰和关怀孩子的时候，一个亲切的拥抱，能让孩子感到可亲可近。如此，不仅可以传递给孩子正面能量，还会增加父母与孩子之间的感情，让孩子变得自信和坚强。

女孩更为敏感，要多给她一些拥抱

对于人与人之间的关系，女孩特别敏感。女孩会在意别人对她的评价，她最关心的问题是"爸爸、妈妈，你还爱我吗？"如果她感觉不到爱和关怀，就会通过言行去引起亲密的人的注意，希望能够一直保持亲密关系。如果女孩长期处于"缺爱"的情况，就会导致她出现心理问题，甚至影响她的性格发展。如果女孩能感觉到周边的人，特别是爸爸妈妈对她的爱，她就会很愉悦，并乐于主动与他人合作。

5岁的娜娜最近周末都不肯去爷爷奶奶家，并且找各种借口要妈妈带她去其他地方度周末。妈妈以为娜娜被欺负了，耐心询问才知道，原来是近来舅舅家添了新丁，大家都围绕着新宝贝转而忽略了娜娜，就连妈妈也要帮忙照顾新宝贝，不能给娜娜讲故事了，而在此之前，娜娜一直都是大家的焦点。

妈妈听了之后，赶紧拥抱了娜娜，对娜娜说："娜娜，我们爱你，也会一直爱你。我们现在这样对小弟弟呢，是因为弟弟还太小，需要我们每个人去照顾他，让他感觉到我们都爱他，这样他才能健健康康地成长，就像你小时候一样，我们大家也都是耐心地照顾你。我们爱弟弟，也爱你，我们是一家人，要相互照顾，你说是吧？"

娜娜听了妈妈的话，欢喜地说："好呀，我们去照顾弟弟喽。"妈妈到了爷爷奶奶家，跟爷爷奶奶说了娜娜的情绪，爷爷奶奶表示以后也会多关注娜娜，而不会因为弟弟忽略娜娜。果然，娜娜越来越喜欢到爷爷奶奶家玩了，也乐于帮忙照顾小弟弟。

女孩天生敏感，她会特别留意他人的言行，并从中捕捉一些信息，"归罪"于自己。例如，有时父母情绪不好，女孩可能会怀疑是不是自己做错了什么而引起的，从而变得小心翼翼的。小伙伴不和她一起玩了，她会怀疑自己是不是做了什么让别人不喜欢她了。当然，如果父母发现自己的孩子过于敏感，特别在意他人的情绪，就要加以注意了，要正确地引导她学会宽容和理解，不能时时刻刻以自我为中心，看到别人的一个眼神就以为天要塌下来了，这样会导致孩子太多愁善感，不利于个人性格的形成和情绪稳定。因此，爸爸妈妈还要注意以下事项：

① 尊重她们的自我意识

当孩子还不会说话时，她会用哭闹来表达她的情绪和寻求关注，父母也会很有耐心地寻找问题所在，安抚她。当孩子学会说话之后，她哭闹的原因也复杂起来，也许只是寻求父母的关注，也许是跟小伙伴发生了误会，但此时，父母因为其他事情分心而无暇时时刻刻顾及孩子，他们开始否定孩子的情绪。例如，孩子跟父母撒娇时，父母经常会说"没事，打预防针一点都不会痛的""哎呀，小孩子之间哪有那么多恩恩怨怨呀，明天就好了""你一定是装的"。孩子的情绪一次又一次被父母否定以后，她们开始变得不再喜欢与父母合作，甚至会跟父母对着干。

有些父母开始疑惑了："怎么那么乖的孩子，现在越来越不听话了呢？"其实，是她们长大了，有了自我意识，而一直被否定后，她们会不高兴。父母与其让孩子一直做"乖乖女"，不如尊重她们的自我意识和情绪。

4岁的红红对爸爸说："爸爸，我不想去看医生，医生会伤害我的。"

"我知道，去看医生，医生就有可能给你打针。你很怕打针，是吗？"

"嗯，我不想打针，打针很疼。"红红很认真地说。

"爸爸知道打针很疼，爸爸小时候也这样认为，不过你不用怕，爸爸会在你身边一直陪着你的。"

终于，在爸爸的耐心引导下，红红同意去看医生了。

与男孩相比，女孩要敏感得多，当她的感觉和情绪被父母否定之后，她的反应要比男孩强烈得多。因此，有时认同她的感觉和情绪，往往是促使孩子更乐意与父母合作的主要因素。

❷ 正确引导，让孩子敢于面对差异

父母要告诉孩子，由于每个人的成长环境、生活习惯不同，会导致人与人之间存在差异，我们应当学会去面对这种差异性，不必为此感到烦恼和不安，要学会宽容和理解。如果孩子和他人相处时过于敏感，要正确地引导孩子进行反省，不能一直以自我为中心，需要注意别人的需求和尊重别人的习惯，多替他人考虑，与他人和谐相处。

教孩子学会控制不良情绪

0~6岁的孩子，心智正处于不成熟的状态，她们无法很好地掌控自己的情绪，一点点的负面情绪便可控制她们，让她们不能正确地看待问题。因此，此时需要父母的干预和介入，通过安抚、开导等方式来教会孩子去控制自己不良情绪的蔓延，做情绪的主人。一个能掌控自己情绪的人，才能更好地获得成功，而长期沉溺于负面情绪中，不利于孩子的身心健康。那么，父母应该怎么做呢?

❶ 教会孩子用正确的方式表达情绪

一个气球，如果你不断地给它充气，最终它会因无法承受太多气体而爆裂。人的情绪也一样，如果只不停地"加气"，而不去"放气"，那么人最终就会因无法承受而崩溃。

要让孩子学会控制情绪，就要允许她表达自己的情绪，不管是喜怒，还是哀乐，都让她的情绪有一个释放口。此时，父母可以做孩子的倾诉对象，当孩子碰到不开心的事情时，父母要教给孩子自我发泄的方法。比如，孩子因为家里的小猫丢失了而悲伤时，父母可以对孩子说："宝贝，难过就哭出来吧。"让孩子通过哭泣的方式把不良情绪发泄出来，她就会轻松很多。千万不要把不良情绪郁积在心中，这样不利于孩子的身心健康成长。

我们还要告诉孩子注意正确地表达情绪，不能过于放任负面情绪的侵蚀。例如，生活中有很多的不平等，当我们遇到不公平的对待时，也要心态平和地面对，不能一直抱怨他人，也不要一直埋怨自己，而要保持平常心去生活。

最重要的是，我们要明确地告诉孩子：表达情绪时不能伤害他人或损坏物品。有些孩子生气的时候，就喜欢打人或者扔东西，这样是很不明智的表现。如果因一个人有了情绪就殃及身边的其他人或物，就会引起他人的情绪爆发，只会导致事态恶化。

❷ 教会孩子转移自己的情绪

当孩子遇到不愉快的事情或遭遇突发事件时，情绪往往趋于不稳定的状态，不是大悲大喜，就是做事冲动、不顾后果。比如，有些孩子受到伤害后，如东西被别人拿了或者无缘无故地被骂了，她们会用骂人来作为一种情感宣泄。父母应该教育孩子在与他人发生矛盾时，以平和的心态对待，要教孩子学会宽容。

当孩子想要发泄自己的情绪时，父母可以通过某一些行为及时让女孩冷静下来，让孩子通过文明的方式将自己的意思表达出来。

　　啾啾一遇到什么不顺心的事情，就喜欢发脾气。为了帮助啾啾学会控制自己的情绪，爸爸想出了一个办法。

　　有一天，爸爸拿了一些纸杯和一个纸箱给啾啾，并对啾啾说："宝贝，爸爸知道你爱发脾气，这也不是你喜欢的吧。发脾气对别人会产生不好的影响，对自己的情绪也不好。这样吧，从今往后，你想发脾气的时候，就捏一个纸杯，扔到这个箱子里面。"

　　一周后，纸箱里面果然扔了许多被捏坏的纸杯。一天，爸爸对啾啾说："你知道你的脾气有多坏了吧？"啾啾不好意思地低下了头。爸爸又说："咱们做一个约定，从现在开始，如果你有一天不发脾气，你就把一个纸杯还原形状放回桌子上。"

　　第一天，啾啾没能坚持住，还是发了火。第二天，啾啾居然忍住了，没发脾气。这一周内，啾啾有四天没有发脾气。这样坚持了一个月，纸箱里面的纸杯已经全部被啾啾放回了桌子上。

　　爸爸又对啾啾说："宝贝，你取得了很大的进步，学会了如何控制自己的情绪，这值得表扬。你看，这些纸杯现在已经恢复了原本的形状，但是它们周围的痕迹，是你之前发脾气时留下来的。这说明，你每次发脾气都会给自己和他人带来无法弥补的伤害。"

　　啾啾明白了爸爸的良苦用心，从此以后，就很少发脾气了。

父母要教会孩子控制自己的情绪，而不是以暴制暴，同时，在孩子练习控制自己的情绪的时候，父母要给孩子找到一个适当的宣泄方式。比如，可以把不开心的事情告诉父母或好朋友，通过表达来缓解心中的郁闷；告诉孩子激动的时候应该在心中平复一下自己的情绪，可以通过自我隔离来平复情绪。另外，父母也要培养孩子乐观的性格和幽默感，不能让孩子一遇到事情就开始钻牛角尖。

❸ 用平静的方式劝导孩子

要让孩子养成良好的情绪表达习惯，父母首先要对自己的情绪表达方式进行反省，遇到事情，父母要先稳定自己的情绪，因为父母永远是孩子的启蒙老师，榜样作用会在很大程度上影响孩子。

在日常生活中，父母的情绪波动会极大地影响到孩子，爸爸或妈妈一遇到事情就情绪失控，也会让孩子的心态发生变化，这样的家庭是培养不出一个心态平和的孩子的。此外，在孩子感到焦虑不安时，爸爸妈妈要尽力保持镇静，不要显得过分紧张，更不要对孩子破口大骂。爸爸妈妈要认真倾听，查明孩子焦躁不安的原因，要对孩子表示理解，并适时进行鼓励，消除孩子的不良情绪。一个人的情绪不稳时，别人说什么也听不进去，所以，父母要用平静的方式劝导孩子。

巧妙引导，带孩子走出嫉妒的旋涡

大约从一岁半到两岁起，孩子的嫉妒心理就开始有了明显而具体的表现。相比男孩，女孩更容易产生嫉妒心理，因为女孩比较敏感，能更敏感地感觉到周围环境对其的压迫，进而演变成嫉妒心理。

3岁的佳佳是一个非常可爱的小女孩。一个周末，姑姑带着1岁的小弟弟来到佳佳家里做客，妈妈很热情地接待了他们。

小弟弟可爱极了，大家都争着去逗他玩。一开始，佳佳也挤过去亲了亲他，但不大一会儿，佳佳就开始不开心了。因为大家都围着小弟弟转，她对妈妈说"她渴了"，妈妈竟然连头都不回地叫她自己去拿水，她感觉自己被冷落了。于是，她开始大声地唱歌，可是还是没人注意到她；佳佳又跳起了幼儿园刚学会的舞蹈，还是没人注意到她。

佳佳气愤极了，一把抢过小弟弟抓在手里的玩具熊，狠狠地摔到地上。妈妈忍不住批评了她几句，谁知，她忽然间摔坏了自己的杯子，然后坐在地板上放声大哭，把姑姑和妈妈弄得非常尴尬。

嫉妒是一种破坏性的情绪，不仅对孩子的健康成长产生着消极的影响，还会影响孩子客观认识事物的能力，容易使孩子对别人产生偏见，影响与他人的正常交往。但是，儿童的嫉妒具有独特的心理特征，一般都是从自己的角度出发，通过具体的言行直率地表露出自己的嫉妒情绪，并不会考虑所引起的后果。父母只要细心观察，就可以及时发现幼儿的嫉妒心理。因此，父母要采取恰当的措施，对孩子的嫉妒心理进行引导，化解孩子的嫉妒心。

❶ 了解孩子嫉妒的起因

幼儿的认识水平有限，对于别人拥有的事物或技能，希望自己也都拥有，尤其是当发现别人可以以这件事物或这项技能博得他人更多的关注，但当自己不拥有这件事物或不具备这种技能的时候，她就会由羡慕转化为嫉妒，这是很正常的。作为父母，要多与孩子接触，及时了解孩子嫉妒的起因。父母只有了解孩子嫉妒的起因，从具体事情着手，才能解决孩子的嫉妒心理，这也是解决问题的前提。

❷ 倾听孩子的心理感受，正确引导孩子的嫉妒心

相比成年人的嫉妒，孩子的嫉妒比较直观，大多时候是因为自己的愿望得不到实现而引起的。

6岁的青青非常聪明，接受能力很强，很爱表现，但嫉妒心极强。

有一次上手工课，她的同桌制造了一艘小船，做工精细，得到了老师的表扬。可是，课余时间，青青趁大家不注意时，偷偷地把同桌的手工作品搞坏并丢在地上。老师反映给青青的妈妈后，妈妈问她："宝贝，你为什么要这么做呢？"

青青怯怯地说："我就要比她好。"

妈妈听了，明白了这是女儿的嫉妒心在作祟，便疏导说："青青，你想要做得比她好，这种想法是值得肯定的！但是，你的行为不对，我们不能因为想比她好而毁坏她的作品，而要通过我们的努力，争取做得更加精细，用我们的实力去赢得最优。"

青青听了，乖巧地点了点头。

六岁左右的孩子，知识量比以前更加丰富，认识能力也有所提高，要求独立的意识逐渐增强。很多孩子争强好胜，希望自己样样都比别的小朋友强。这可以说是孩子的一种有上进心的表现，如果父母适当地引导，可以成为女孩不断进步的动力。但是，如果引导

不得当，可能会走向反面，诱发孩子的嫉妒心。父母切勿盲目地对孩子的嫉妒行为进行批评，要耐心地倾听孩子的苦恼，理解她们的情绪，以便使她们因嫉妒产生的不良情绪得到宣泄。

❸ 帮助孩子正确分析与他人产生差距的原因

孩子的思维很直观，都是比较具体的，因为她们尚未具备全面分析能力。有时别人对她的评价也往往成为她对自己评价的标准。如果父母一直对孩子的品德、能力评价过高，她对自己就会产生不正确的认识，当她发现其他同龄人做得比她好的时候，她的心理就会失去平衡，往往归责于自己或所嫉妒的对象。

雯雯在练习写字的时候，为了鼓励她，每当她写下一个字，妈妈就会赞美她："宝贝好厉害，写的字最漂亮了。"

雯雯上学之后，一次作业评价时，老师表扬了另外一个同学的字写得特别工整，却没有表扬雯雯。雯雯听了之后，内心就不平衡了，觉得老师偏心，由羡慕同学得到表扬转变成嫉妒同学。

家长要正确地评价孩子，适当地指出她的长处和短处，也要让孩子明白人人都有长处和短处。当孩子与他人产生差距的时候，要正确地给孩子进行分析、比较，鼓励孩子以积极的方式缩短实际存在的差距，化解内心的不平衡。

父母要控制好自己的情绪

当孩子不听话、恼人的时候，很多父母就难以遏制住自己的情绪，忍不住对孩子发火。"当我很忙乱的时候，哪怕孩子有一点点过错，都会激怒我"。一些家长如是说。可是，这种不听话对于6岁以前的孩子来说，却是能够被允许的"过错"，例如，她觉得天气不冷而拒绝穿衣服。所以关键还是父母要学会控制自己的脾气，给正在学习认识情感、控制情绪阶段的孩子做一个榜样。

在生活中，很多父母总是处心积虑地把焦点放在如何控制孩子的情绪上，其实，父母也应学会控制自己的情绪。

试想一下，如果父母都失控了，还能对孩子产生好的影响力吗？虽然说有时候，父母的嗓门提高八度把孩子斥责一顿，的确可以暂时驯服她们，但为此付出的代价又是什么呢？

当一些突如其来的事件发生时，每个人都会自然地产生各种各样的情绪反应。所谓情绪管理，并不是一味地压抑、消除情绪，而是让情绪合理、适度地表达出来。通常，某件事会触发情绪，情绪将产生行为，行为又导致后果。不同的情绪会产生不同的行为，对情绪管理和控制的方式不同，事件发生的最终结果也会随之不同。

如果父母对于孩子所犯错误的容忍度较低，那么事先可以采用一些预防措施。当意外发生时，父母应该冷静地处理和应对，将孩子的负面情绪影响降到最低。

圣诞节这天，小区里举办了一场盛大的圣诞晚会。妈妈带着菲菲兴致勃勃地来到了晚会现场。宴会厅里张灯结彩、热闹非凡。妈妈和邻居们聊得甚欢，而菲菲则和小伙伴们到处玩耍嬉戏。

过了一会儿，菲菲垂着脑袋来找妈妈，说自己不小心撞倒了桌上的两个酒杯，并拉着妈妈前去查看。走到桌边，妈妈看到地上散落着许多玻璃碎片，地毯也被红酒染红了一大片。不仅如此，菲菲白色的新裙子和新鞋上也都沾上了大片红酒渍。

看到眼前的情景，妈妈的怒火一下就被点燃了。她揪着菲菲的耳朵，大声训斥她。周围的邻居闻声围了过来，有来劝的，有帮忙收拾的，但更多的则是在边上议论纷纷。菲菲的妈妈看到周围人指指点点，又羞又恼，拉着菲菲冲出了宴会厅。

在一个热闹的晚会上，看到自己的女儿把现场弄得如此脏乱和狼狈，相信多数家长都会产生尴尬、愤怒、羞愧等情绪。然而，家长除了关注自身的情绪之外，还应该注意孩子的情绪。

闯下这样的祸，菲菲的心里并不好受，但是她没有逃避责任，而是第一时间告诉了妈妈。遗憾的是，妈妈既没有管理好自身的情绪，也没有安抚菲菲的情绪，却让糟糕的情绪把一场愉快的晚宴给毁了。

犯错误是孩子成长过程中必然会经历的，孩子出错、遇到问题是一件很自然的事情。当父母摆脱不良情绪的困扰，对孩子的言行举止产生正向的情绪反应时，才能采取有效措施了解孩子，给予孩子关怀和支持。

多多倾听孩子的心声

不管是哪个孩子，都渴望有一个好的听众，能听听自己的倾诉，跟自己一起分担忧愁。有些父母认为，6岁前的孩子哪有什么心事呀。其实，0~6岁的女孩更需要父母倾听自己的心声，与她们接触最多的是爸爸妈妈，她们更希望和爸爸妈妈分享她的快乐和忧愁。

有些父母常抱怨："我的女儿才5岁，就不肯听话，说什么都听不进去。"如果那时的小孩会抱怨，肯定也会说："我的爸爸妈妈每次都是自己说自己的，都不听听我想说的话。"这就是最初的亲子间的沟通出了问题，要解决这个问题很简单，就是父母要学会倾听。

倾听是父母向孩子表示关怀的一种方式，有助于形成良好的亲子关系，建立友谊。倾听也是父母了解孩子最有效的途径，多倾听孩子的心声，让孩子觉得自己是受父母关注的，孩子就会向父母敞开自己的心扉，信任自己的父母，从而告诉父母自己的真实看法和感受。

晚饭后，妈妈看电视剧，萌萌向妈妈抱怨在幼儿园里和同学的不愉快，妈妈有一句没一句地应着，根本没注意听女儿的讲述。萌萌的声音慢慢地小了下来。

突然，她对妈妈说："妈妈，我突然想起来，老师让明天每人带一盒橡皮泥。""好。"妈妈漫不经心地回答。"可是，妈妈，我们要去超市买橡皮泥，我没有。"妈妈终于听到了萌萌的诉求，质问她说："你就是想去超市买零食吧？下课回家路上你都不说，现在才说？"萌萌被妈妈的质问吓得哭了起来，小脸憋得通红，然后气鼓鼓地说："您就不相信我，您就怀疑我，我不是您女儿！"说完，就跑回房间里把自己锁了起来。

"您不相信我"，这是很多孩子对爸爸妈妈的控诉。有调查显示，一周内，很多父母认真听孩子说话的时间不足30分钟。在很多家庭中，父母根本没时间、也没耐心听孩子的倾诉，一遇到孩子的一些要求，就开始怀疑孩子的话。

倾听孩子的诉说是开启孩子心灵之门的钥匙。如果家长不会或者不愿意倾听，就不可能知道孩子的真正想法是什么，连孩子在想什么都不知道，那还何谈沟通？因此，父母要多多倾听孩子的心声，让孩子和父母共创一个懂得分享的世界。那么，父母应该怎么做呢？

❶ 倾听时不要借机否认孩子的想法

有些父母把倾听当成一种技巧，用此来"骗取"孩子的信任。当"套"出孩子的真实想法后，他们就想着如何去驳回和转变孩子的想法，把自己的想法通过巧妙的方法强加给孩子，却从不考虑孩子想法的可取之处。如此周而复始几次，孩子就会发现自己上当了，此时，孩子再次信任父母就很难了。

5岁的美美刚从幼儿园回家就一脸不高兴的样子，妈妈问她原因，她告诉妈妈她和幼儿园的小朋友有点不愉快，说着说着就哭了起来。

妈妈不屑地说："这点小事也值得哭吗？一点小事就哭鼻子，真是成不了大器。"

听了妈妈的话，美美哭得更厉害了。

从此，美美无论遇到什么不开心的事，都不愿意和妈妈说了，母女之间就有了隔阂。

女孩生性敏感，有时遇到点小事就足以引起她的情绪崩溃，此时，父母要多听她倾诉，尊重她的感受，不要一口否定她。当孩子有坏情绪时，爸爸妈妈可以和孩子谈一谈，不能像美美的妈妈那样否定孩子的感受，更不能打击她。

❷ 在倾听过程中表达对孩子的爱

父母在倾听孩子说话的过程中，要从身心两方面来表达对孩子的关心和爱。千万不要一听到孩子有点傻的做法，就跟孩子说"你为什么不早点告诉我们呀"或"你怎么会这么傻呢"。相反，父母要适时地抱抱女孩，给她一些积极的鼓励。

有些父母在听孩子说话的时候，总是喜欢说"哦，哦"，直到孩子说完了，爸爸妈妈都没有其他反应。久而久之，孩子就懒得倾诉了。本来女孩向父母倾诉，是希望能从父母那里获得关爱和支持，如果父母敷衍了事，那就没有再沟通下去的必要了。孩子不是机器人，不可能是父母想听的时候说个不停，不想听的时候缄默不言。因此，父母在倾听孩子诉说时，一定要认真、适时地向孩子表达对她的爱。

❸ 要表现出对孩子的话很感兴趣的样子

无论孩子是在抱怨同学不好相处，还是说哪个老师做了什么搞笑的行为，父母都要表现出很感兴趣的样子，这样孩子才非常愿意继续讲下去。如果父母漫不经心地敷衍，或者一边听一边忙于其他事情，孩子就会对此感到失望。慢慢地，孩子就会变得对任何事情都不关心，并且不会把自己的心里话告诉父母，甚至会导致孩子在课堂上不爱思考、不愿发言。如果孩子从小对自己的语言魅力一无所知，就会对自己的语言表达能力失去信心，日后也不愿去表达自己的情感。

在倾听孩子说话的时候，父母要专心，当她说到某一件事的时候，爸爸妈妈可以问"然后呢？"表示父母很关心接下来的情节，这样孩子也愿意继续说下去。

另外，父母可以通过运用表情的变化和语言来表现出自己专注倾听的态度，让女孩知道父母是有兴趣听她说下去的，她才会更有兴趣地继续讲下去。

第八章
不娇不惯，养出孩子的优异素质

如果将女孩比喻成一颗钻石，那么优异的素质就是钻石所散发出来的光芒。如果一个女孩具有优异的素质，那么即使她外表平凡，也能焕发出迷人的光彩。因此，父母应从小就注重培养孩子的独立能力、协作能力、抗挫能力和自尊自爱等，在潜移默化中提升孩子适应社会的能力，增加孩子的魅力。

学会放手，让孩子学会独立自主

意大利著名儿童教育学家蒙台梭利曾说："教育首先要引导儿童沿着独立的道路前进。"独立，是孩子一种非常宝贵的品质，是一个人自我发展的内在动力，也是孩子未来生活中面对生活、事业发展的基地。

可是在生活中，很多父母却忽略了孩子独立性的培养，把一切事情都安排得妥妥当当，十分周到。孩子遇到了困难，父母毫不犹豫地帮孩子处理。孩子小的时候以"孩子还小，没有能力"来一手包办孩子的事；孩子读书时又以"学业为重"来包揽所有的家务，导致出现一些大学生生活不能自理的现象。其实，这样很不利于孩子的成长，当孩子遇到困难时，孩子就不再愿意自己去思考，而是渴望得到父母的帮助。长此以往，孩子的思考能力就会丧失，更谈不上解决问题的能力了。因此，爸爸妈妈应该从小培养孩子的独立性与独自解决问题的能力。

生活中的各个方面都可以培养孩子的独立性，而让孩子学会自己穿衣是最好的锻炼孩子独立的方式之一。

孩子从一岁半到三岁是学习自己穿衣最好的阶段。在这一阶段，孩子对世界充满了好奇，什么都想自己动手去尝试，也敢于尝试，爸爸妈妈应该放开手脚，鼓励她们勇敢地进行尝试。也许在尝试的过程中，孩子会遇到一些困难和挫折，爸爸妈妈要耐心地陪伴着孩子，鼓励她们，给予适当指导，不能什么事情都大包大揽，或一遇到什么事情就斥责孩子。的确，孩子自己穿衣服可能二十几分钟都无法完成，如果是爸爸妈妈帮忙的话只需要两分钟，但假如你为此而失去了耐心，选择直接帮孩子搞定，那孩子的独立性等于被父母给剥夺了，孩子也会因为缺少锻炼的机会而变得依赖性强、以自我为中心、生活能力低下等。

妈妈从芝芝一岁半便开始教她自己穿衣服，当然，穿衣看似是一件很简单的事，但也有很多学问。从简单到复杂，妈妈很注重这个循序渐进、从简到繁的教孩子穿衣服的步骤。首先妈妈让芝芝学会自己穿简单的套头衫，然后是裤子，最后是一些需要系扣子的衣服。

有一次，芝芝和爸爸妈妈准备去阿姨家做客，芝芝选了一件扣扣子的衣服，她在那里捣鼓了半天，都无法将扣子从那个小小的洞里穿过去。爸爸妈妈都已经穿戴整齐，芝芝还在专心地扣扣子。如果换作其他家长，可能会很着急地帮孩子扣好扣子，但芝芝的妈妈并没有那样做，而是很有耐心地示范，手把手地教她，爸爸则在旁边用手机拍下这一时刻。最后终于成功了，芝芝开心地大叫，好像完成了一道复杂的数学题。

穿衣吃饭都是小事，但生活就是由无数个小事构成的，父母应从小事着手，培养和锻炼孩子的独立性。

另外，父母还要培养孩子的独立思考能力。一个孩子能不能成才，最关键的是孩子是否有独立思考的能力。那些思考能力越强的孩子，越有求知的欲望，终身学习能力和创造力也会越强。那么，怎样培养孩子独立思考的能力呢？

第一，多向孩子提问。在与女孩相处的过程中，要多创造思考的机会。

有的妈妈说："每次我给女儿讲完一个故事，都会问问她，这个故事中有什么不妥当的地方，或者当读到主人公遇到什么困难时，我先问问她有什么办法去帮主人公解决问题，然后再继续读主人公后来怎么做。"

有的妈妈说："在生活中，我都会以商量的口气和女儿进行讨论式的交流，遇到事情，我会征求她的意见，留给她独立思考的余地，给她提出自己想法的机会。"

也有的妈妈说："当我女儿遇到了问题，她过来问我，我会引导她去思考，而不是直接告诉她方法。"

以上例子中的妈妈们都有自己培养女儿独立思考的形式和技巧，这既有助于增进亲子关系，也可以激发孩子的思考能力，家长们可以借鉴，也可以通过自己独特的方式培养孩子的独立思考能力。

第二，为孩子创造"想问"的情景。孩子独立思考，积极提出问题，这对孩子的思维发展非常重要。爸爸妈妈可以通过给孩子讲故事讲到一半来激起孩子的好奇心，然后引导孩子清楚、有礼貌地提问。

孩子天生就有一种求知的欲望，她们心中有无数个"为什么"，例如"为什么鸟儿有翅膀?""为什么天空是蓝色的? "……但是，有些父母面对孩子的这些问题时，不耐烦地回答，或者用习以为常和不以为然的态度来敷衍孩子，这样会逐渐扼杀孩子的求知欲望。因此，父母要有意识地引导孩子，对孩子的问题感兴趣，与孩子一起去思考，一起去寻求未知的答案，这样就会增强孩子提出问题的欲望。

第三，训练孩子从不同的角度看待问题。对于孩子提出的问题，爸爸妈妈要启发孩子，不仅要学会正向思维，还要学会逆向思维，不仅要学会横向思考，还要学会纵向思考。

协作能力，为孩子创造"多赢"人生

21世纪是竞争激烈的时代，面对未来社会的激烈竞争，一个人的力量很难处理好各种错综复杂的问题，唯有合作，才能集思广益地、更好更快地做好事情。因此，家长如果仅仅开发孩子的智商是远远不够的，还要培养孩子的情商，要让孩子适应社会的变化，学会与人合作。可是大多数孩子是独生子女，从小就习惯了"以自我为中心"，不愿意与人分享，也不愿听从他人的安排，缺乏团队协作能力，难以适应社会的发展。

欧洲心理学家阿德勒说："假如一个儿童未学会合作之道，他必然走向孤僻之道，并产生牢固的自卑情绪。"因此，从小培养孩子的合作意识和合作能力是非常重要的。那么，父母应该怎么做呢？

❶ 发挥父母的模范表率、示范作用

孩子都喜欢模仿父母的行为，所以父母首先要学会合作，让孩子看到父母因合作而带来的喜悦，她们也会乐于去合作。

丹丹是一个6岁的小女孩，在丹丹的家里，存在着一个怪圈：每天晚上，爸爸妈妈下班回来，妈妈在厨房里做家务，爸爸只顾着打游戏，谁也不配合谁。

有一天，妈妈正在搞卫生，丹丹欢喜地想去帮妈妈，可是当丹丹拿起扫把扫地时，妈妈立马阻止了她："丹丹，妈妈忙得过来，你会越帮越忙，快去看电视。"

受爸爸妈妈的耳濡目染，丹丹体会不到合作的愉悦。在丹丹的意识里，和别人合作是一件很麻烦的事。

丹丹的爸爸妈妈的做法是非常不可取的，如果一个孩子都不懂得和家人合作，哪能学得会和别人合作呢。因此，父母要注重家庭合作，当爸爸妈妈在做家务的时候，可以邀请孩子加入，也许孩子帮不了多少忙甚至越帮越忙，但在这个过程中可以培养孩子的团队合作意识，这才是最重要的。

父母有了开心事可以和孩子分享，一起游戏时可以和孩子商量，主动用合作的语言与孩子交流，夫妻密切合作，让孩子感受到合作的快乐，从而产生合作的欲望。

❷ **以孩子的兴趣为出发点，激发女孩的合作兴趣**

游戏是孩子最喜欢的活动，是一种集体活动，单人是无法开展的。在游戏中，大家必须相互合作，这样游戏才能顺利进行。越来越多的专家推荐儿童多参与合作性的游戏。曾有专家提出："合作性游戏是将人们团结起来的一种美妙方式。"在合作性游戏中，孩子在玩乐中学会了如何体贴他人，了解他人的感受，更愿意做出有利于他人的行为。在游戏中，孩子能体验到不合作的坏处，也能体会到合作的意义及其带来的乐趣。所以，父母不如多带孩子到人群中去参加合作性的游戏，以培养孩子的协作能力。

❸ **父母可以把合作技巧教给孩子**

不管做什么事情，都有技巧，合作更需要技巧。而且，合作是否愉悦地开展，取决于合作对象的合作技巧。父母要随时提醒孩子，在与人合作的过程中，一定不要唯我独尊，不能因为任性而破坏规则。

6岁的洽洽和小伙伴们在公园里玩"老鹰捉小鸡"的游戏，刚开始洽洽是小鸡，小鸡们都跟着母鸡躲避老鹰的捕捉，洽洽也开心地躲避着，可惜，洽洽还是被老鹰抓到了。

轮到了洽洽扮老鹰，面对的是一个8岁大的小朋友扮演母鸡，洽洽很努力地去抓小鸡，却始终都抓不到，几个回合下来，洽洽累了，有了挫败感，就跑向妈妈，扔下了母鸡和小鸡们。妈妈看到洽洽跑了过来，忙问洽洽："宝贝，怎么啦？"

洽洽委屈地说："我抓不到其他人，我不想做老鹰。"

妈妈安慰说："游戏规则是老鹰要抓到小鸡才能换角色，我们也要遵守游戏规则呀。洽洽小，母鸡那么大，洽洽面对面抓不着小鸡，我们可以智取呀。"

洽洽听了妈妈的话，仔细地想了一下，就又开心地重新投入游戏当中。洽洽谨记妈妈的"智取"之道，终于斗败了母鸡，抓到了小鸡。

孩子在与人合作的过程中，也许会遇到一些挫折，此时，父母可以给孩子提供一些可取的建议，让女孩不违背合作规则的同时，也懂得自己去处理问题，提高女孩的情商。洽洽的妈妈就做得很好，她没有因为洽洽的任性撒娇而惯着洽洽，而是正确地引导洽洽投入游戏中，并且让洽洽明白要遵守规则，有时遇到问题时，可以换个角度来解决问题。

当孩子与人合作时，会因敏感、挫败感而退缩，此时，父母一方面要引导她感受合作所带来的积极效果，另一方面要及时地鼓励她，这样可以让孩子感受到快乐，还可以强化她的合作意识，进而激发她与人合作的积极性。

让挫折成为孩子的精神财富

人生从来都是苦乐参半的，如果孩子年少时不吃点苦，将来就会难以承受更大的挫折。而挫折的大小是根据一个人的承受能力来衡量的，从未吃过苦的人，抵抗挫折的能力也必然很低。因此，不妨让孩子从小就吃点苦，免得她长大以后只是摔了一跤，就觉得天都塌下来了。

在一次又一次的跌倒的苦痛中，孩子学会了走路；在一次次和朋友闹别扭的协作中，孩子学会了如何与人交往……当她再次面对相同的境遇时，她就不会再觉得苦，而是会用乐观的心态去继续以后的生活。

女孩天生柔弱，过分的娇生惯养，可能会使她变得更加娇气。可是，当她走出了家庭，就不会时时得到呵护，更多的时候还要自己独自面对困难和挫折。此时，如果孩子从来没有吃过苦，等她独自去面对的时候, 她会觉得苦不堪言。那时, 父母更无法替她受苦, 只能束手无策。因此, 父母不妨从小让孩子面对生活中的苦, 有意识地让她吃点苦, 提升她的抗挫能力。

6岁的婷婷是班里的文娱委员, 从小就开始学舞蹈的她, 在幼儿园的晚会上一直都是一个璀璨的角色。

可是一天放学后, 婷婷闷闷不乐, 妈妈赶紧关心地问: "宝贝儿怎么了, 遇到了什么不开心的事呀?"

听到妈妈安慰的话, 婷婷索性哭了起来, 并伤心地说: "今天我们练舞, 老师叫我出来示范, 谁知道我一个不平衡就摔倒了, 出了一个大洋相。"

妈妈听后安慰道: "没事的宝贝儿, 这一次是意外, 谁都会有发挥不正常的情况, 下次我们注意一点, 仍然可以跳得很好。"

安慰完婷婷之后, 妈妈认为没事了。可是, 过了好几天, 婷婷还是郁郁寡欢。显然, 她还没有从那一次摔跤的阴影中走出来。

女孩抗挫能力不强的原因有很多方面, 其中可能有性格因素, 但主要的原因是父母对她的教育不到位。

在家庭中, 不管孩子遇到了什么问题, 爸爸妈妈都能给出一个很好的解决方案。因此, 当她走入学校或者社会中, 需要她自己独立面对的时候，就会不知所措。

父母的教育不到位也会导致孩子的抗挫能力差。平时，爸爸妈妈都注重孩子表现得好的一面，结果忽视了对她抗挫能力的培养，没有人告诉她，生活中很多事情都不是一帆风顺的，而是充满荆棘和挫折的，我们需要勇敢地面对才能解决这些问题，而"哭鼻子""撒娇""逃避"都不是解决问题的办法。

如果孩子一遇到问题，就垂头丧气或者哭哭啼啼，那么她就很难取得进步，还会引起别人的反感。而这样的孩子长大之后，也很难独立面对自己的生活。因此，提高孩子的抗挫能力是非常有必要的。

那么，父母应该如何培养孩子的抗挫折能力呢？

❶ 不要娇惯孩子

在很多家庭中，父母经常对孩子说"女孩不能受委屈""女孩不能吃苦"等，孩子听多了之后就会觉得自己很娇贵，并且信以为真，一受到委屈就开始撒娇或者寻求帮助，抗压能力自然就下降了。因此，父母在与孩子说话的过程中，要注意用语，爱她但不娇惯她。

从孩子三岁开始，父母要减少用娇惯的语气和孩子说话，该让孩子承担的，就要让她去承担。如果她做错了事，要让她懂得去承担。例如，女孩和男孩因某件事不和而吵架了，父母不能一味地怪罪男孩，而一心地心疼、安慰女孩，并认为女孩是应该让人心疼的。否则会很容易养成女孩娇气的心理。

当然，我们也要注意女孩的心理特点，在对她进行抗挫锻炼时，要注意她的情绪变化，耐心地引导她，给予她必要的解释和鼓励。

❷ 面对挫折时告诉孩子要理性

在日常生活中，爸爸妈妈要正确地引导孩子，让她们对挫折有一个认识，认识到遇到挫折是人生中一个很正常的一件事情，没有什么可怕的，当她们面对的时候，也不必那么手忙脚乱。女孩也可以具有坚强的品质，也能鼓起勇气去战胜挫折和困难。这样，孩子就对挫折有了一个理性的认识，当她面对挫折时，才不会大惊小怪，更不会扩大挫折的可怕性，避免不必要的身心伤害。

❸ 正确引导，培养孩子积极乐观的心态

6岁的小韩和妈妈在公园玩，她看到旁边有几群女孩子在跳皮筋，她也想加入，因此妈妈鼓励她去申请加入。

小韩怯怯地走到最近的那一群小女孩旁边，细声细语地说："你们好，我可以加入你们吗？"

一个大一点的孩子看了小韩一眼，拒绝说："不行，我们人满了。"

小韩一听到被拒绝，差点哭了出来，急忙往妈妈的方向跑去。

妈妈急忙安慰她说："没事，我们去另外一队再问，好不好？"

"不，她们不要我参加。"小韩怎么也不愿意再去尝试。

妈妈蹲下来，鼓励地对小韩说："刚才她们为什么拒绝了你，是因为她们人满了，是吧？没关系啊，那我们可以去人比较少的那一队再问一下，可能她们刚好缺人呢，我们就可以加入了。"

在妈妈的再三鼓励下，小韩走向了远处的那一群女孩，果然，那一群女孩欣然地欢迎小韩的加入。

6岁之前是一个探讨世界的阶段，会遇到各种各样的挫折，父母要正确地引导孩子保持一种积极乐观的心态，这样，对于生活中的一些小挫折，孩子就可以轻松克服了。

用心呵护，让孩子学会爱自己

自尊自爱是健康人格的基石，是一种对自己人格的重视和肯定的情感。女孩懂得自尊，就是要尊重自己，爱护自己，从身体、仪表到行为、心灵，维护自己作为一个人的尊严。

苏霍姆林斯基说过："儿童在认识周围世界的同时，应当认识自己，应当充满一种深刻的自我肯定的感情。自我肯定是自我教育之母。自尊感是一个人的荣誉感、名誉感、健康的自爱心的最强大源泉之一。"幼年是一个人的道德乃至人格个性形成的最初阶段，但因孩子的思想不成熟，很容易受到外界的干扰和影响，因此，父母一定要正确引导孩子的思想，让孩子正确认识自己，爱惜自己，做一个自尊自爱的好孩子。

有些家长在教育孩子的时候，很容易忽视孩子的自尊心的存在。有些家长认为孩子那么小，哪懂得什么叫自尊。错，当孩子还在襁褓中时，父母对她大声一点，她就用哭来表示她的自尊心受到了伤害，此时她已经明白了她的自尊心的存在。有些家长认为，话说重一点可以让孩子"知耻而后勇"。错，6岁之前的孩子的自尊往往隐含着敏感和脆弱，当她被否定的时候，她想到的是"被嫌弃"而畏缩。女孩的自尊心需要细心地呵护和培养。

那么，父母应该怎么做呢？

❶ 把孩子当成独立的主体，在平等中建立自尊

很多父母觉得，孩子的生命是他们给的，所以孩子是属于他们的，可以随心所欲地教育，总喜欢命令孩子做这做那。孩子的生命是父母赋予的，但并不代表孩子是父母的私有财产，她是一个独立的个体。父母在教育孩子的过程中，不要过多地用命令的口吻跟孩子讲话，更不要用成人的标准苛刻地要求她，而应该鼓励她大胆地发表自己的见解，说出自己的看法。

如果是家长错了，就要勇于向孩子承认错误，从而让孩子感到自己是被尊重的，也懂得推己及人，学会尊重别人。

❷ 不要对孩子进行心罚

相比起体罚，心罚更容易摧毁一个孩子的自尊心。很多父母都知道体罚会伤害孩子的自尊心，却忽略了心罚对孩子的伤害更为严重。"你怎么这么笨，这都学不会？""你都长成这样了，还整天臭美。"如果父母对孩子说出这些训斥的话，对孩子心理的伤害程度

是无法估测的。

孩子的自尊心需要父母的呵护，即使有时孩子的表现不是很让父母满意，父母也不能去挖苦、讽刺她，因为父母的每一个负面的词语都会让孩子对自己的认识发生改变。不管爸爸妈妈的出发点有多么好，理由多么充分，这种挖苦、讽刺、嘲笑的话产生的效果都会与父母的目的背道而驰。用语言来惩罚孩子，看起来是"君子动口不动手"的文明，可这种伤害却比体罚大得多。

体罚伤害的是孩子的身体，而心罚摧残的是孩子的心灵。心罚会让女孩在嘲笑、挖苦下逐渐失去自信，成为一个自卑的弱者，也会激起孩子对父母的反感，进而造成孩子的逆反心理，处处与父母对着干。

要培养孩子的自尊心，就要积极地鼓励她，适当地表扬她，让她在自信中建立自尊。孩子进步的时候，需要得到父母的认可，但由于她们年纪尚小，很多细节问题处理得不够妥当，此时父母不应过多地指责孩子，而是应一起分析原因，抓住微小的进步激励她们，让她们克服不足，在不断地进步中增强自尊心。

❸ 不要总拿别人的孩子的优点跟自己的孩子的缺点相比

很多孩子从小就有一个宿敌，叫作"别人家的孩子"。每个父母都希望自己家的孩子是最优秀的，但人的精力和资质有限，即使是超人，也很难做到任何方面都是"天下第一"。一些父母总是说"你看谁谁小小年纪就可以画出大师水平",却忘了说"哇,女儿,你这么小就能把故事讲得那么精彩啦"。其实,这种教育方式对孩子的自尊心的伤害是最直接的。如果父母长期否定孩子而夸别人,就会让孩子形成"我比别人差"的潜意识,这种意识让孩子的自尊心处于受伤的状态。

莉莉的妈妈从单位回来,好像受伤了一样向爸爸抱怨:"我同事的女儿跳舞跳得特别好,还被选上到省里参加比赛呢。你说,我们的女儿怎么就只会玩呢?"

在旁边玩的莉莉听了此话,本来无邪的笑容阴沉了下来。爸爸看了,忙说:"谁说我们的女儿只会玩,虽然莉莉舞跳得不好,但我们莉莉会弹钢琴呢。女儿还有很多优点,你没发现吗?"听到爸爸为自己辩白,莉莉终于又露出了笑容。

很多家长都像莉莉的妈妈一样,只看到别人家的孩子有什么进步,却把自己的孩子说得一无是处。父母应该像莉莉的爸爸一样善于发现孩子的优点,以此来激励孩子更加进步。这样,孩子才不会觉得自己一无是处,而是有自己的优点,这样可以增强她的自信心。

孩子有了进步，父母要学会赞美

赞美是一种很美妙的东西，渴望得到赞美是人的共性。

一个朋友说："我女儿才一个半月，每当我们对她说'姑娘，你好棒'，她就咧开嘴笑，她竟然能听懂。"

另外一个朋友说："我女儿两岁半，很多话都不会说，但一旦她做了什么小事情，她就叫大家鼓掌，她知道'鼓掌'是一种认可。"

还有一个朋友说："我女儿三岁，刚刚学写字，虽然写得歪歪斜斜的，但是我们依然会赞美她终于学会了写字。"

孩子一出生，就渴望得到父母的认可和赞美。当孩子牙牙学语的时候，当孩子蹒跚学步的时候，当孩子第一次吃饭的时候，父母都感到很欣喜，并夸奖孩子。但进入儿童期后，孩子的成长过程发生了较大的变化，这种开心和家长对孩子的夸奖越来越少。父母要注意，孩子的成长离不开父母的陪伴和鼓励。对于孩子的每一次进步，父母不能无动于衷，要有所表现，才能让孩子感受到自己的努力得到了父母的认可，也会拉近孩子和父母之间的距离。

在亲子沟通中，有的父母不习惯赞美自己的孩子，一直以长辈自居。当孩子取得好成绩时，他们不会鼓励孩子，甚至有些家长会说风凉话，如"人家××拿到了更好的成绩""这么一点小成绩有什么好炫耀的"……这样的沟通无法建立起互相信任、互相尊重、互相理解的良好关系，反而会打击孩子的积极性。

俗话说："教子十过，不如赞一长。"当孩子有了进步时，父母要正确地评价孩子的言行，并经常给予赞美，这样能增强孩子的自信心。当然，父母赞美孩子的时候，要掌握一定的技巧，0~6岁的孩子需要家长更多细致化、具体行为的称赞，否则会弄巧成拙或导致孩子的虚荣心膨胀。

❶ 赞美孩子要实事求是

在赞美孩子时，要实事求是，不能言过其实，否则不仅达不到沟通目的，还会起到反作用。

四岁的蕾蕾刚学会画画，一天晚上，她画了一幅一家人的画，爸爸看了高兴地说："宝贝，你太棒了，都快赶上画家了。"一番赞美之后，爸爸叫蕾蕾继续练习画画，但是蕾蕾再也不想画了。

按常理来说，蕾蕾受到赞美之后，画画会更加有信心、有兴趣，然而她却再也不想画了。原因就在于爸爸的赞美，爸爸用"画家"来称赞蕾蕾，使她得意忘形，以为自己真的很了不起了。因此，当爸爸再叫她继续练习画画时，她觉得自己都可以赶上画家了，要是再画一幅表现得不那么好，那不就是破坏了自己"画家"的名声嘛。因此，爸爸妈妈在赞美孩子的时候要注意用词，不要太夸张。

❷ 要赞美孩子的具体行为

父母赞美孩子时，要具体地赞美孩子的某一个行为，这样孩子就容易理解自己的哪一种行为是对的，是值得认可的，也容易找准努力的方向。"你好聪明""你好乖""你真了不起"这些太笼统的赞美词，多少有些敷衍的意思，可能会在短时间内提升孩子的自信心，但孩子根本就不知道自己是因为什么而得到赞美的，很容易骄傲起来。

莎莎喜欢布娃娃，亲戚家人给她买了十几个大大小小的布娃娃，小小的房间里面到处都塞满了她的娃娃。一天，爸爸妈妈上班去了，她把布娃娃从大到小，整整齐齐地放到了窗台上。妈妈回家看了很吃惊，就赞赏她说："哇，宝贝，真不敢相信你把布娃娃都整理好了，宝贝辛苦了，你太棒了！"听到妈妈的赞扬，莎莎非常高兴，她也为自己的成就而得意。

案例中的妈妈赞美孩子的具体行为能让孩子知道自己的这个行为值得表扬，而不是空洞地说"你真好""你真聪明"等。

❸ 赞美要及时

对孩子值得赞美的行为，父母要及时地表扬，不能等这件事情已经过去了，才突然想起来，再表扬。这样，孩子就会不清楚自己为什么而受到表扬，因而对这个表扬的印象不深刻，也起不到强化的作用。在孩子的心目中，每一件事情都有因果关系，年纪越小，这种意识就越强。因此，对于0~6岁的孩子，父母要及时去表扬。如果不及时赞美，可能当父母想起来赞美的时候，孩子已经把这件事情忘得一干二净了。

第九章

培养孩子高贵的品质

品质是人的一种无形的资本，从小培养孩子的品质等于为孩子融资。一个人的性格品质如何，和孩子受到的后天环境的影响和家庭教育直接相关，特别是0～6岁时期的引导、培养，是一个人形成高贵品质的关键。注重孩子品质的培养，是每一位家长的职责。

宽容的孩子更善解人意

古语有云："泰山不让土壤，故能成其大；河海不择细流，故能就其深。"宽容是一种品德和与人交往的智慧。在当今社会中，大部分孩子都是独生女，从一出生便是所有的人都围着她转，时间一长，孩子很容易以自我为中心，在做人做事上很少顾及别人的感受，总会计较别人给自己带来的伤害，无法原谅别人的过错。

如果一个孩子心胸狭窄，总是爱记仇，不但会影响她的人际关系，对她以后的成长也十分不利。本来人与人之间的交往，一点小摩擦是难以避免的，也是很正常的，但如果缺了一颗宽容的心，任何小事都会被无限地放大，那还拿什么来与身边的人相处？因此，从孩子2岁开始，在孩子第一次尝试着与人接触时，父母就要教育她，引导她，帮助她学会宽容，这样，她进入幼儿园后，才能与园里的小伙伴和平相处，也能因为宽容而获得真正的友谊以及更多的意外收获。

作为父母，想让孩子拥有一颗宽容的心，可以从以下几个方面去做。

❶ 让孩子学会欣赏

在生活中，有些孩子总是盯着别人的缺点看，用自己的优点和别人的缺点比，甚至会蔑视比自己差的同龄孩子；当面对比自己强的孩子时，又很不服气，因嫉妒而去抵触。这种心理不利于孩子的健康成长，父母应该教会孩子正确地看待自己的缺点和不足，学会以一颗欣赏的心去与人接触。人无完人，不要以刻薄的心态去看待周边的人和事，否则不但会对生活感到很失望，而且会变得斤斤计较。

❷ 让孩子学会换位思考

让孩子学会换位思考，站在他人的角度，替他人着想，她才会懂得用宽容之心对待他们的过失。

3岁的雯雯和奶奶刚从外面回来，雯雯一脸的不开心，妈妈察觉到了她的不开心，就问她："宝贝，怎么不开心啦？"

雯雯说："小艺昨天说今天还一起玩的，可是天黑了，她都没来。她骗我，我以后再也不理她了。"

原来雯雯和小艺昨天在公园分开时，两个人说好了今天还一起玩的，可是小艺可能因为什么事情来不了，所以雯雯闷闷不乐。了解了情况之后，妈妈耐心地开导雯雯说："宝贝女儿，可能小艺的爸爸妈妈今天有事，不能带她过来公园玩，所以她来不了。她也不是故意骗你的，我们要学会宽容，不能斤斤计较，你们是好朋友，不能因为一点小事而影响你们之间的友谊。就像有时妈妈和奶奶有事，不能带你去公园陪小艺玩耍时，我们第二天过去跟她说明白，她还是会和雯雯一起玩的，是吧？"

雯雯听了，懂事地说："嗯，肯定是因为她有事情才不能来的。"

当孩子向我们抱怨某一个朋友爽约时，我们要像雯雯的妈妈一样，引导孩子从朋友的角度出发，先了解朋友是不是有什么事情耽搁了，或者有什么不方便的情况，不能事事计较，当站在别人的角度，看到别人的不便时，她就学会了宽容。

❸ 原谅孩子的过失，让孩子体会到宽容的魅力

父母在要求孩子宽容大量的同时，也要对孩子宽容。如果父母都不能宽容孩子，抓住孩子的一点点错误就不停地数落她，就会让孩子很反感。反而，如果父母宽容孩子的过失，她自己明白自己的过失之后也会有愧疚感，也会学着去反省和改正错误。

但是，这里所提倡的宽容孩子，并不代表父母要毫无原则地溺

爱和纵容孩子，而是用"理解"代替"埋怨"，要正确地引导孩子认识她的错误，而不是一直无效地唠叨……当孩子体会到了被宽容的魅力，她也会学着宽以待人。

善良比聪明更重要

罗素说过："在一切道德品质中，善良是世界最需要的。"可见善良的重要性。

对一个人的个性发展而言，没有什么比善良更重要的了，这是孩子和社会建立亲和关系的基础和前提。而孩子的善良是在自然而然的模仿和潜移默化的渗透中逐渐形成的，是由外到里、从量到质的发展过程，在这一过程当中，父母是最直接的播种者。

古人云："人之初，性本善。"其实，孩子根本分不清善与恶。只是父母从小对她进行引导和培养，才让孩子慢慢地懂得什么是善，什么是恶，等她长大以后，才会有一颗善良的心，也才会有行善的行为。

然而，有些父母觉得善良并不重要，有些父母甚至觉得如果女孩善良就会被欺负。其实不然，善良是有爱心的表现，只要不懦弱，就会在生活中给女孩带来好的品质。试想一下，一个自私自利、漠视他人、欺负弱小还经不起打击的人，谁会愿意同她交往呢？因此，培养孩子的善良品质很重要。那么，家长应该如何培养孩子的善心呢？

❶ 培养孩子的善良，从善待他人起步

教育家苏霍姆林斯基说："一个人应该在童年就上完情感的学校——进行善良情感教育的学校。"足见在塑造孩子善良的品质当中，父母负有重大的责任。

妈妈常常带5岁的晓霞到隔壁的郭奶奶家玩，郭奶奶的儿女都在外地工作，留下她一个60多岁的老人在家。

一天，妈妈和晓霞去郭奶奶家，刚好看到郭奶奶正在洗衣服，洗完后想把水倒掉。妈妈对晓霞说："郭奶奶的那盆水太重了，怎么办？"

晓霞马上说："快，我们去帮帮郭奶奶倒水。"晓霞便蹦蹦跳跳地跑过去，伸出小手帮助郭奶奶，郭奶奶心里暖暖的，直夸她懂事。

虽然晓霞的力气派不上什么大用场，但是，妈妈的行为让女儿从小就知道，要帮助老人。

因此，父母可以利用生活中的事例从侧面来教育孩子关心他人。

❷ **帮孩子饲养一只小动物**

绝大多数的孩子都喜欢小动物，保护动物鲜活的生命最有利于培养孩子的同情心。

在圆圆3岁的时候，爸爸就给她养了一只兔子。后来，爸爸又应圆圆的要求让她养了一只鹦鹉和一只小乌龟。周围的人都劝爸爸不要让孩子养宠物，一是孩子接触宠物不卫生，二是如果宠物被照顾不周死了，孩子会很难过。

但爸爸认为，只要父母把握好尺度，搞好宠物的卫生，孩子并不会因为养宠物而得病，且生老病死是自然规律，孩子早晚都要明白这个道理。再者，通过让孩子养小宠物，可以培养孩子的善良天性。

有研究表明，幼年、童年饲养过小动物的孩子，感情往往比较细腻，心地比较善良；相反，那些从小没有接触过小动物的孩子，往往会感情冷漠。因此，在条件允许的前提下，父母可以支持孩子饲养小动物。让她照顾这些小动物，也是让她学习照顾比自己弱小的生命，这是善良教育的有力一课。

❸ 让孩子多参加一些善心集体活动

父母可以利用节假日多带孩子参加一些公益活动，在公益活动中，孩子可以体会到自己的善良带来的喜悦，同时也能深刻地体验到与他人合作的意义，从而走出以自我为中心的圈子，学会待人以善。

要想孩子孝顺，需从小培养

古人云："百善孝为先。"自古以来，孝敬父母是中华民族的传统美德，经过时代的洗礼，这种美德仍然是现代人必备的道德品质。它永不过时，也将永远被提倡和传颂下去。

但在社会生活水平不断提高的今天，人们只注重给孩子物质上的享受，却忘了对其孝心的培养，以致不孝子层出不穷。

有20%以上的父母表示子女不够孝顺。很多老人反映儿女很少看望自己，来了也是不停地看手机，难得有兴趣陪老人聊天。为什么会出现这样的现象呢？总的来说是教育问题，尤其是从小的家教问题。因此，父母应从小培养孩子的孝心。

❶ 要建立合理的长幼有别的家庭关系

"合理的长幼有别"不仅明确了父母作为家庭的核心和主事人的位置，也要求父母要尊重孩子的人格独立。一个家庭就是一个整体，不能"各自为政"。父母有着丰富的生活经验，是家庭生活的供养者，应该是家庭的核心和主事人。孩子应该在父母的指导帮助下学习、生活。父母要让孩子明白自己与父母的关系，知道父母是长者，是家庭的主事人，而不能颠倒主次，让孩子任性胡闹。

❷ 要从小事入手培养孩子孝敬父母、长辈的行为习惯

父母要教育孩子听从父母的教导，关心长辈健康，分担父母的忧虑，参与家务劳动，不能给父母添乱。父母应从日常小事抓起，把这些要求变成孩子的实际行动。

小雨的奶奶身体不舒服住院了，妈妈每天一下班就往医院跑，照顾奶奶。妈妈很注重培养小雨的孝心。虽然小雨才4岁，在奶奶住院期间，妈妈在医院照顾奶奶的时候，也会把小雨带过去，引导小雨给奶奶讲故事逗奶奶开心，时不时地摸摸奶奶打点滴的手，关心奶奶是否有哪里不舒服。

父母可以根据孩子的年龄、能力、学习情况等耐心地引导，热情鼓励。

❸ 父母要以身作则，做孝敬长辈的楷模

孩子对待父母的态度，直接受父母对待长辈态度的影响。

　　因此，父母在休息日时，应尽量抽时间带孩子去看望老人，帮老人做做家务，陪伴老人，尽一份子女应尽的责任和义务。如此日长时久，孩子耳濡目染，在潜移默化中就能逐渐养成尊敬长辈、孝敬父母的好习惯。

学会感恩，让孩子懂得生命的真谛

现在，在很多孩子的眼里，所有的好都成了理所当然。父母的含辛茹苦似乎是自然而然，老师的辛勤培育仿佛变得无足轻重，别人的倾力相助早已无须感激涕零。从道德层面来看，这是由于缺乏感恩的心导致的；从心理层面来看，这是以自我为中心的典型表现。

苏联教育家苏霍姆林斯基说："良好的情感是在童年时期形成的，如果童年蹉跎，失去的将无法弥补。"幼儿时期是一个人启蒙教育的最佳时期。让孩子从小体会到感恩的乐趣和成就感，对感恩有所体会，学会"感恩"，对于现在的孩子来说尤为重要。父母要把对孩子进行感恩教育当成自己的使命和职责，使孩子都拥有一颗感恩的心。那么父母应该怎么做呢？可以从以下几点着手进行。

❶ 通过说"谢谢"在孩子的心里播下感恩的种子

在孩子成长的过程中，让孩子懂得感恩的形式有两种：一是表达感恩，二是感受感恩。在孩子牙牙学语时，首先让孩子学会表达感恩，从学会说"谢谢"开始。有亲朋好友过来做客，送给孩子一件礼物时，父母需要教孩子说"谢谢"；当父母给孩子递一杯水的时候，也需要引导孩子跟父母说"谢谢"。当然，孩子学会了说"谢谢"，习惯了说"谢谢"，并不意味着她就懂得了感恩，这只是一颗感恩的种子播到她的心中，而开花结果还需要很长的一段时间去培养。

❷ 不要轻易满足孩子的要求，让孩子知其不易而更加感恩

在这个物质极为丰富的时代，很多父母毫无节制地满足孩子的一切物质要求，孩子对物质的欲望变得无休无止。孩子不断地索取，父母不断地满足，孩子的要求就会变得越来越多，且对已拥有的事物不再心存感恩。

如果孩子一有需求，马上就得以满足，甚至轻而易举地拥有了一切，那么她就会失去生活中最美好的一件事物——期待。很多东西，太容易得到，就容易厌倦。相反，如果孩子期待某一件事物很久，也付出了很大的努力，当她们得到之后，她们就会因为得之不易而更加珍惜，此时她们也会感谢帮她们的那个人。她们得到之后的欢喜越多，感恩之心就越强烈。

❸ 营造感恩的家庭氛围

对待陌生人，也许我们还会习惯去说"谢谢"，但当我们面对最熟悉的家人时，我们往往会因为随便而忽视了很多美好的瞬间。有这样一个故事：

一个女孩和妈妈吵架了，离家出走。傍晚，她又饿又冷，被一个老奶奶收留了，老人给她端上剩饭剩菜，女孩一边吃一边不停地说感谢的话，觉得自己遇上了世界上最好的人。吃完之后，老奶奶说："孩子，回家去吧，你妈妈每天都给你做饭做菜，你都不会感谢她，还因一点小事而和她吵架离家出走，你不知她此时正在满世界找你呢。"

对于家人，我们总是忽略了表达感恩。有时候家人之间表现得过于客气，确实会让人感觉很不习惯。但是，为了让孩子从小就懂得感恩，父母还是应该尽可能地在家里营造一种感恩的氛围。同时，面对孩子表达的感恩，父母要积极回应和愉快地接受。

5岁的莉莉是一个很懂礼貌的小女孩，每当别人帮助了她，都可以听到她奶声奶气地说"谢谢"。邻居好奇地问妈妈是如何培养出这么大方有礼貌的孩子的，妈妈说："也没怎么培养，都是在生活中，我们怎么做，她就怎么学，后来她就自己说啦。"

比如，一家人去饭店用餐时，妈妈经常对服务员说"谢谢"，当服务员给莉莉换上宝宝凳的时候，莉莉也学着妈妈说"谢谢"。

妈妈感谢奶奶为一家人准备了丰富可口的晚餐，莉莉也会学着对奶奶说"谢谢"。

遇到别人帮忙时，爸爸会通过言行表达感谢，莉莉也耳濡目染地感谢帮助她的人。

在生活的小细节中，在爸爸妈妈的引导下，莉莉学会了感恩。我们可以借鉴莉莉的爸爸妈妈的办法，先感恩身边的一切，给孩子树立一个榜样，陪着孩子感恩身边的一切美好。

感恩是一种美德，一种很细腻的情感，一种生活态度和生活方式，它源于对生活的爱与希望。让孩子学会感恩，教会她常怀一颗感恩的心，她就会更热爱生活，更懂得去关怀他人，她的生活会变得更加积极、快乐和美好。

意志坚强的女孩更勇敢

狄更斯说："顽强的毅力可以征服世界上任何一座高峰。"

坚强的意志力和坚忍不拔的精神，是成功人士共有的特点，也是孩子获得成功不可或缺的重要品质。意志力坚强的人，对自己充满信心，表现出不屈不挠的毅力，也更容易在工作、学业等方面获得成功。

随着物质生活水平的提高和独生子女家庭架构的成熟，父母对孩子的教育越来越重视。然而，很多父母对于教育的理解只限于智商和情商两个方面，却忽视了逆商这一非智力因素，结果造成很多孩子"输不起"。

露露的爷爷和爸爸都非常喜欢下象棋，空余时间就铺开棋纸下几盘，露露在旁边耳濡目染，也喜欢上了下象棋，便央求爸爸教她下象棋。在爸爸和爷爷的教导下，露露进步得很快，经常和爸爸对弈。

一次，露露和爷爷下棋，赢了爷爷之后，家里的人都夸奖露露厉害。听了大家的夸赞，露露尝到了"赢"的滋味，但从此却输不起了。不管和爸爸还是和爷爷下棋，只要一输，她就哭鼻子、闹情绪。爷爷心疼小孙女，就故意让她赢，可爸爸并不会这么做。爸爸觉得，露露那么小，意志力那么脆弱，一盘棋都输不起，这样发展下去长大了怎么适应竞争激烈的社会呢？因此，爸爸先跟爷爷沟通，让他以后不能总故意让着露露。另外，爸爸循循善诱，不断教育露露。爸爸知道露露非常喜欢看女排，便从这里着手。

一次，看完一场排球赛后，爸爸对露露说："每个姐姐的球技都很好，可是最后的冠军只有一个队，那些没有得到冠军的姐姐们并不会像你一样输了就哭泣吧。生活也是如此，要想成为冠军，一定要学会在失败中站起来，输得起才能赢得起。"看到露露低下了头，爸爸没再说什么。

从此，再下棋时，也没人让着露露。当她输了的时候，虽然有些不开心，但再没哭过鼻子。爸爸会适时地安慰她："没事，输赢不重要，这只是一种娱乐，重在参与的过程。"过了一段时间，爸爸发现露露的情绪得到了控制，意志力也提高了很多。

露露输了棋之后便哭鼻子，爷爷迁就她，其实只会助长露露的

"小公主"脾气，导致她越来越输不起，对露露的意志力培养没有任何好处。幸好爸爸及时发现，教会她坦然接受输赢，鼓励她以平常心面对输赢，提高她的意志力。

与男孩相比，女孩的意志力更为脆弱，这是因为女孩受自身荷尔蒙的影响，更容易受到感性因素的牵引，意志力会被削弱，面对困难的时候也容易哭鼻子，轻易放弃，缺乏持之以恒的耐力。因此，爸爸妈妈应当注重对孩子意志力的培养。具体可以从以下几方面来进行。

❶ 爸爸的参与有助于培养孩子坚强的意志力

很多父母觉得女孩比较柔弱，因此更要竭尽全力地去保护她。在培养孩子坚强的意志力的过程中，爸爸起着不可替代的作用。可是，有些父亲出于对孩子的爱，总是力所能及地去保护孩子，以满足自己作为父亲的自豪。

然而，父亲越小心翼翼地呵护孩子，她反而越容易变得脆弱。当她独自面对生活的时候，很容易经受不起打击。在遇到挫折时，意志力坚强的孩子不会用哭来解决问题，因为她们知道哭鼻子并不是解决问题的办法。因此，父亲要正确地引导孩子勇敢地面对生活，不要把孩子当成易碎的花瓶，毕竟父母不可能一辈子陪着孩子，帮孩子遮风挡雨。

一天，爸爸给奶奶的花园钉栅栏，5岁的依依非要和爸爸一起干。爸爸怕她磕着、碰着，就没答应，可是后来见依依不高兴了，便给她拿了一个非常小的锤子，和她一起"工作"。

依依和爸爸肩并肩地坐在地上，用手中的锤子对着栅栏上的钉子敲下去。爸爸力气比较大，只需两下就钉好了，可这对依依来说并不容易。只见她拿着小锤子用力地敲打钉子，有时候方向不对，结果小锤子敲到了木板上或者把钉子敲歪了。爸爸为了保护依依的积极性，并没有制止她，任由她继续敲。

终于，依依费了九牛二虎之力把钉子敲了下去，高兴地对爸爸说："爸爸，我终于把钉子敲下去了。"

爸爸笑着夸奖她说："依依真棒，帮爸爸完成了一项了不起的工作。"在爸爸的引导下，依依也明白了如何用锤子才能把钉子敲得更好。

虽然刚开始爸爸是出于保护之心拒绝了依依，但最终还是做出了明智的决定——让依依参与到自己的工作中。虽然依依的力气比较小，敲钉子比较费力，也把握不好锤子，把钉子敲歪了，但是爸爸并没有阻止她，她也没有半途而废。在整个过程中，依依做事的积极性不但得到了鼓励，她的意志力也得到了很好的锻炼。

❷ 将意志力的培养渗透到学习和生活中

意志力的养成并非一日之功，是一个需要长期坚持的过程。为了更好地培养孩子，父母要时刻谨记提高孩子意志力的教育目标，从小事出发，在平时的生活和学习中培养孩子坚强的意志力。

首先，父母不妨为女孩选一些有关意志力的名言警句、励志故事，教给孩子"只有意志坚强的人才能获得成功"的意识。其次，当孩子生病、受委屈后，父母不要过分地渲染，应该鼓励她坚强地面对，从而磨炼她的意志力。最后，生活中要多加观察，鼓励孩子凡事坚持到底，要做就做到最好……

总之，意志力决定成功。意志力坚强的孩子才能坚强地面对生活中的挫折，才能勇敢地克服成长路上的困难，才能实现自己的理想，获得成功。从现在起，家长一定要帮孩子克服意志力薄弱的弱点，发挥榜样的力量，在学习和生活中培养孩子坚强的意志力。

培养孩子诚实的好品质

英国作家萨科雷说过："播种行为可以收获习惯，播种习惯可以收获性格，播种性格可以收获命运。"受过诚实教育的孩子，在生活中很少会说谎，也能够坦然地生活，问心无愧地面对他人，面对人生。反之，不诚实的孩子会因自己说了谎而使心理负担加重，严重影响她的身心健康。可以说，培养孩子的诚信品格，是一笔最好的投资。具有诚信品格的人，注定是人生的赢家。

爸爸妈妈要想培养孩子的诚信品格，可以从以下几点进行。

❶ 发现孩子不诚实的行为，家长要及时纠正

6岁的莎莎刚上一年级，前三单元的语文测试莎莎都拿了第一名，后来由于学习松懈，成绩有些下滑，第四单元只排名第八。可是当爸爸妈妈问她考了多少分时，也许是虚荣心作祟，她虚报了自己的成绩和名次，还说她是第一名。这是她第一次欺骗父母，虽然有点忐忑，但她还是目光闪烁地说了出来。

过两天，妈妈在超市遇到了莎莎的语文老师，聊起莎莎时，老师说："莎莎最近的学习有点松懈，这单元考得不好啊。"妈妈奇怪地说："莎莎说她还是第一名，考了九十多分呀。"老师肯定地说并不是第一，也没有九十多分。

妈妈回家之后问莎莎怎么回事，莎莎看到纸包不住火了，就实话实说了。

这件事对于一个仅有6岁的孩子来说，并不是多大的错，但是关系到孩子健全人格的塑造。妈妈很生气，想打莎莎一顿，但还是控制住了自己，语重心长地对她说："女儿，不管你考多少分，第几名，爸爸妈妈都不会怪你，但是你不诚实，用假成绩欺骗家长，实际上是自欺欺人，这么一点错就想用谎言来掩盖，这样的孩子怎么会有所成就呢？"莎莎听了，很后悔说谎。从那以后，她再也没有说过谎话。

对于孩子不诚实的行为，家长要及时纠正。如果不及时纠正，孩子尝到了自己的"小聪明"的甜头，长大以后，就可能会做出害人害己的事情，后果不堪设想。

当父母发现孩子有不诚实的言行时，要冷静、耐心地听听孩子的想法，分析原因，对症下药，切忌急躁、粗暴，甚至大骂、体罚等，这样只会适得其反，可能会造成孩子为了逃避责罚而说谎。家长可以像莎莎的妈妈一样，用平静的语气跟孩子分析问题所在，让孩子更加容易接受，认识到自己的错误，这样才会更好地改正。

❷ 从小事做起，切忌用谎言来糊弄孩子

在日常生活中，有些爸爸妈妈为了暂时让孩子听话，认为女孩还小，不懂事，就说一些谎话来糊弄孩子。但是，也正是因为孩子不懂事，所以分不清何种行为是不值得学习的，只会模仿父母的行为。

海华的爸爸妈妈是生意人，为了不让海华每次都哭着闹着要跟着，他们把海华送到外婆家，信誓旦旦地向海华保证说不会放下海华就走，并让外婆骗海华去其他房间，可每一次都会偷偷溜掉。刚开始，海华找不到爸爸妈妈还会大哭大闹，后来就慢慢地安静了。

有一次，海华的小姨带了弟弟来外婆家，小姨准备和海华以及海华的妈妈一起去超市买东西，可是弟弟就要黏着小姨一起去，小姨哄了很久都哄不好弟弟。此时，在一边玩的海华趴到小姨耳边说："小姨，我们把弟弟骗到房间里玩，我们偷偷地走。"

当小姨把这件事转告给海华的妈妈后，妈妈惊呆了，她完全没想到仅有3岁半的海华会说出这样的点子，但这何尝不是他们的教育出现了问题。妈妈也意识到，自己给孩子树立了什么样的一个榜样，如果不纠正孩子的这个行为，将来对孩子的发展极其不利。从此以后，妈妈不再糊弄海华，每一次都和海华说明白父母需要做的事情和处境，海华也不会哭闹地跟着爸爸妈妈去做生意，而是很懂事地跟着外婆一起期待爸爸妈妈回来。

很多家长都有过上面例子中的行为，认为孩子还小，不记事，转眼就会忘。其实并不是，当父母用谎言来欺骗孩子时，她会认为谎言是达到目的的手段，会认为不诚实、不守信用很正常。

因此，在父母向孩子许诺之前，请一定要三思而后行，答应孩子的事情，要尽力做到。当孩子对我们做出了承诺，如看多久电视、几点起床、玩多久等，我们一定要督促她做到，让她知道做事要守信。

❸ 给孩子制订一些规则并严格要求

由于孩子年龄还小，父母在教育孩子诚实的时候要把道理具体化、形象化，这样孩子才能更好地接受。例如，没有别人的同意，不可以随便拿别人的东西；借了别人的东西要及时归还；有了错就要勇于承认；凡是答应别人的请求就要想方设法地做好；等等。对孩子订下这些规则，让孩子知道什么该做什么不该做，并且一旦提出了这些准则，要严格执行，不能朝令夕改，并且重视克服"第一次"出现的问题。对于孩子的诚信问题，父母一定要态度坚决，严格要求，不可迁就、姑息。

附　录

女孩是妈妈行为举止的复制品

有一句话说"有其父必有其子"。同样道理，"有其母必有其女"。妈妈的行为举止、思维习惯是孩子的"原样"，复印出孩子的品德和生活习惯，对孩子为人处世的方式产生了深远的影响。且这种"复制品"是生活日积月累的，没有任何预兆，女儿就变成了妈妈的模样。

妈妈是孩子的启蒙老师，同时也是孩子启蒙期学习的榜样。妈妈怎么做，孩子就怎么学。在孩子还不会辨别正确与错误的时候，作为启蒙老师的妈妈就应该及时告诉孩子什么是正确的，什么是错误的，从而提升孩子辨别是非的能力，让孩子走对人生路而不至于误入歧途。

女孩犹如一面镜子，映射出妈妈的言行举止，甚至还映射出妈妈的品德和习惯。妈妈总是希望孩子从自己身上学好的不要学坏的，事实却相反，往往缺点学得快而优点学得慢，就像孩子学习语言，总是粗口一学就会，而礼貌用语总是学不会。

❶ 妈妈的素质决定着孩子的人格品质

爱贪小便宜的妈妈教育不出为人大方的孩子，宽容待人的妈妈也不会养育出一个处处都爱斤斤计较的孩子……作为妈妈，能否善待父母公婆，决定着孩子以后是否知道回报父母的养育之恩；妈妈能否善待亲友和邻居，决定着孩子是有爱心还是自私。因此，妈妈的善良和大爱，是成就孩子拥有良好人际关系和事业平台的关键，妈妈的眼光、心胸决定着孩子的前程是否远大，胸怀是否宽广。

晚饭过后，5岁的莎莎会主动帮爷爷奶奶按摩，虽然小小年纪的她没有什么力气，但看到她认真的样子，老人笑得乐开了花。

莎莎一家三代住一起，爷爷奶奶的年纪大了，经常会这里不舒服那里酸痛，因此作为儿媳妇的妈妈经常帮老人按摩，没想到被莎莎学到了，每天饭后争着给看电视的爷爷奶奶捶捶背揉揉肩。有时看到妈妈上班回来之后累得坐在沙发上，她也会帮妈妈揉揉肩。莎莎没有力度的按摩，却给了妈妈十足的力量。

妈妈从来没有刻意地要求莎莎给她或者给老人按摩，但妈妈平时孝敬老人、照顾老人、体谅老人的感受，莎莎自然看在眼里，记在心里，也会表现在行动中。

妈妈在生活中的一些细节影响着孩子的生活习惯，甚至决定了孩子的人格品质。有些妈妈存在着道德上的瑕疵和言行的不端，表面上看，并无碍于家庭的生活，但是，孩子是妈妈的品德和言行的复制品。如果妈妈为人善良温和，乐于助人，乐观开朗，那么她的这种思维方式和好习惯就会潜移默化地传给孩子，在和孩子的互动过程中，引导孩子认识世界，并让好的言行成为孩子的一种习惯。

❷ 妈妈的学习态度决定孩子的学习成绩

有些家长很疑惑，为什么别人家的孩子总是那么自觉地认真地学习，而自己家的孩子怎么要求都不肯坐到书桌前10分钟呢？其实，这跟妈妈在孩子幼年期的教育有关。有专家提出，在孩子三岁之前，父母给孩子最好的习惯是阅读。也就是说，父母要在3岁之前培养孩子的阅读习惯，这个习惯对孩子以后的学习成绩有着非常重要的作用。可是，此时的孩子并不认识字，怎么去培养孩子的阅读习惯呢？这时，就需要妈妈的陪伴了。

有一位妈妈说："我女儿刚牙牙学语，我就经常给她读《三字经》《孙子兵法》《唐诗》《宋词》等，我也不要求她去理解其中意思，只是给她读。没想到，她三岁就可以背出很多诗词。"

另一位妈妈说："我不喜欢看书，也不喜欢读书，但自从有了女儿，我就在手机里下了读书软件，每天晚上都播放给女儿听，陪着女儿听。"

还有一位妈妈说："虽然我很忙，但再忙也不能忽略对女儿的教育，为了给女儿树立一个榜样，我会抽出时间来学习，女儿看到我尚且那么努力地学习，她也会很认真地学习。"

以上几位妈妈不管通过什么办法，都是以身作则地给孩子树立了一个好的学习态度，引导孩子形成一个良好的学习习惯。妈妈们可以借鉴以上几个经验来培养孩子的学习习惯，也可以自己总结出适合自己和孩子的经验，这也是一种亲子互动，有助于促进母女关系，何乐而不为呢。

更为重要的是，妈妈要不断地提高自己，愿意去学习新鲜事物，愿意改变，敢于冒险尝试创新，孩子耳闻目睹妈妈的做法，自然而然地学习到妈妈乐于学习的态度，在往后的人生学习过程中，也会积极进取，不断进步和成长。因此，培养一个道德高尚的孩子要从妈妈的修养开始，因为妈妈才是孩子最亲密的老师。

给孩子营造温馨的家庭氛围很重要

《晏子春秋》中有一句话："橘生淮南则为橘，生于淮北则为枳，叶徒相似，其实味不同。所以然者何，水土异也。"这句话阐述了环境的重要性，意思是即使是相同的种子，种到了不同的环境中，最终结出的果子味道也会不一样。

孩子的成长也是如此，家庭环境影响着孩子的性格、思想和习惯。

6岁的妍妍是家里的独生女，爸爸妈妈都非常宠爱她，但是在对妍妍的教育上，爸爸妈妈产生了巨大的分歧。妈妈认为，绝对不能让孩子输在起跑线上，巴不得一天有48个小时，不停地带妍妍去参加各种兴趣班。可是爸爸看到女儿疲惫的精神，不支持女儿去参加兴趣班，觉得应该给女儿一个快乐的童年，让女儿轻松一点，不用整天去参加兴趣班。

于是，为了妍妍去不去兴趣班的问题，爸爸妈妈经常"开战"。有一天，妍妍在上课时偷偷地落泪，老师看到了，就问她发生了什么事情。妍妍说："老师，我是不是不应该来到这个世界上？"老师感到很惊讶：一个6岁的女孩怎么会有这样的想法呢？仔细询问才知道，原来前天晚上妍妍的父母又因为妍妍是否应该报钢琴班而发生了争吵。

妍妍将这一切归咎于自己，她认为如果没有她，爸爸妈妈就不会争吵了。

教育观念的分歧导致家庭不和谐，让孩子在家庭中缺失安全感和归属感，让孩子无所适从，对孩子造成很大的伤害。因此，父母应该给孩子营造一个温馨愉悦的家庭氛围。

❶ 父母不能把所有精力都放在孩子身上

有人说，世界上最幸福的家庭就是爸爸爱妈妈。可是，在很多家庭中，孩子的出生终结了这种和谐，妈妈的注意力都放在了孩子的身上，爸爸的注意力也转移到了孩子身上。但人的精力是有限的，当父母都把注意力放在孩子的身上时，很可能就会忽略了家中的其他成员，由此导致家庭矛盾。

父母能为孩子做得最好的事，就是平均他们的爱。因为妈妈生活在爸爸的爱中，女人的心柔软而舒畅，温润而又安定，她会宽容地对待身边的每个人，会制造出愉悦、温馨的家庭氛围。而爸爸生活在妈妈的爱中，男人的心坚强而坚定，会有耐心地对待身边的每个人，营造一个富有安全感的家庭氛围。因此，爸爸妈妈要把精力平均，不但要关心孩子，而且要关心彼此和家里的老人。这样，家里所有的人都能感到温暖，孩子也不会因为独享而变得自私、娇蛮。

❷ 父母尽量统一教育观点

孩子的教育问题，是很多家庭的分歧点。毕竟父母两个人来自两个不一样的家庭，所受到的教育也存在着差异，这就决定了他们的教育态度不一样。但是不管怎样，在教育孩子的问题上，爸爸妈妈应该努力保持一致。即使存在分歧，也不能在孩子面前发生争执，而应静下心来，共同探讨，寻求科学有效的教育方法。

父母应该认识到，争吵并不是解决问题的办法，反而会激化矛盾。即使发生了分歧，也要和平协商，不能带着情绪和对方理论，以免让孩子感到不安。

5岁梁梁的爸爸妈妈都是急性子，一遇到什么事情就会争吵个不停。有一次，梁梁看到爸爸妈妈吵架，吓得躲在角落里不停地颤抖。爸爸妈妈看到梁梁这样的反应很心疼，就平息了争吵。从此，只要爸爸妈妈有一点要争吵的苗头，梁梁就开始颤抖。

也许在梁梁看来，爸爸妈妈的争吵让她很不适应。由于自己偶然的一次颤抖让爸爸妈妈停下了"战争"，因此她便用此方法来阻止爸爸妈妈的争吵。

当然，对于孩子的教育，不能一方做"甩手掌柜"，把孩子的教育问题全部交给另一方来处理，这样存在着片面性，也会因父母一方爱的缺失而影响孩子的教育。

❸ 夫妻之间以礼相待，营造良好的家庭环境

越是亲密的人，就越容易发生争执，且脾气不受控制，这是因为两个人过于熟悉而忽略了人与人之间最基本的礼节和礼貌。另外，夫妻两个人长年累月厮守在一起，可以说是两个人过成了一个人的生活，所有的缺点都会表现出来。如果两个人常常因为鸡毛蒜皮的小事而斤斤计较、争执不休，往往会焦头烂额、两败俱伤，而且这种家庭环境并不利于孩子的成长。所以父母之间要珍惜彼此的感情，给孩子营造愉悦的家庭氛围。

女儿就像一个小天使，是父母的小棉袄，父母巴不得把所有的爱都给女儿。

前几天，碰见了几年没见的同学，经聊天后发现他已是一位父亲。当问及如何给女儿最好的教育时，他说了这样一句话："我本人并没有什么大的能耐，也不可能给她最好的教育，但是我会想方设法赚钱，尽可能让她接受最好的教育。"

在很多父母的心目中，爱孩子就是赚足够多的钱，给她最好的教育。殊不知，给女孩最好的教育是给她时间，陪伴她成长。

记得有位教育专家曾说过："一个人能够取得成就，20%取决于后天的努力，80%取决于父母教导。"

作为孩子生命中重要的人，父母的陪伴就是给孩子最大的爱。但很多爸爸妈妈感觉自己太忙了，忙于赚钱，根本没时间陪伴孩子，可是如果不能好好地陪伴孩子，赚再多的钱也是弥补不了的。

当宝宝长大了，到了10岁、12岁、16岁，你就会发现孩子渐渐地越来越需要自己的空间，也已经形成了自己的人生观、世界观、价值观，不会再咿咿呀呀地"纠缠"着你，也不会"无理取闹"地让你陪她，你的教养法在她的身上起不到任何的作用。此时，你才反应过来要好好养育她，那时已经太晚了。

对孩子的成长教育，父母只有一次机会，千万不要错过。

父母可能是这个世界上最需要终身学习的职业，"如何在童年给予孩子高质量的陪伴，才能让他的身心健康发展"是年轻父母现阶段需要研究的课题。而针对家有女孩的父母，毋庸置疑，该课题的难度会更大一些。因为我们都知道，女孩天性娇柔、细腻，更惹人疼爱的同时，也需要父母更多的保护。

本书根据女孩的年龄特点，涵盖了养育孩子过程中的常见问题，包括性别认识、心理健康、习惯培养、早期教育、亲子关系等困扰家长的诸多问题，旨在把养育孩子过程中遇到的疑难问题变成一个个迎刃而解的小问题，养育出优秀的孩子。